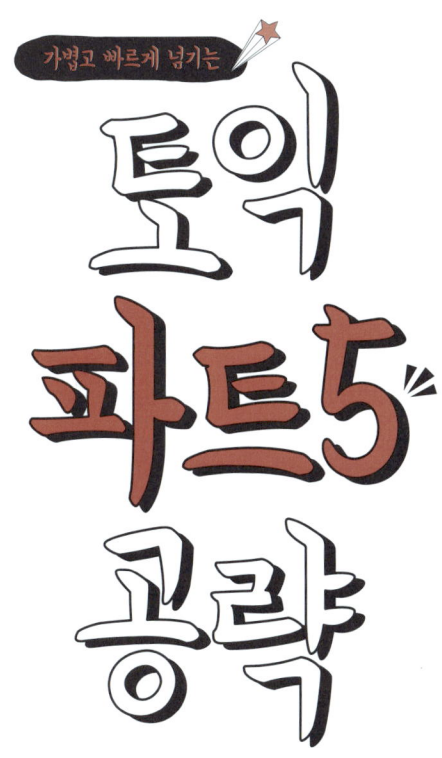

랭기지플러스

TOEIC PART 5 구성과 특징

1. **한 권으로!** 토익에 잘 출제되는 포인트를 중심으로 문법 사항과 문제를 구성하여 한 권 만으로도 파트 5를 끝낼 수 있게 구성했습니다.

2. **가볍고!** 부담 없이 가지고 다니면서 학습할 수 있도록 토익 시험에 꼭 필요한 부분만 쏙 골라 담았습니다.

3. **빠르게!** 바쁜 토익 수험생들이 토익 파트 5에 많은 시간을 쏟지 않도록 문법, 문제, 빈출 표현으로 알차게 구성하였습니다.

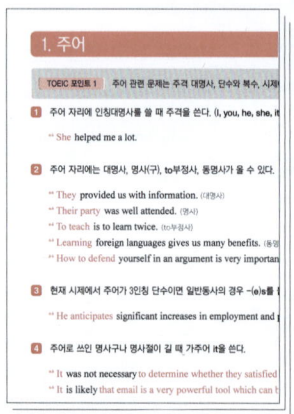

● 포인트만 짚어주는 문법 설명

토익에 출제되는 포인트만 꼭 집어 간단하게 문법을 설명했습니다. 또 문제 풀이 팁과 다양한 추가 설명으로 놓치는 부분이 없도록 구성했습니다.

● Sample Question

학습한 문법 내용을 바로 확인하며 실전문제의 출제 의도를 빠르게 파악하는 요령을 습득할 수 있도록 하단에 간단한 예제 문제를 배치했습니다. 실전문제가 긴 문장으로 구성되어 있더라도 출제 의도는 예제 문제 형식을 벗어나지 않으므로 실전 문제를 빠르게 풀어내는 능력을 길러 보십시오.

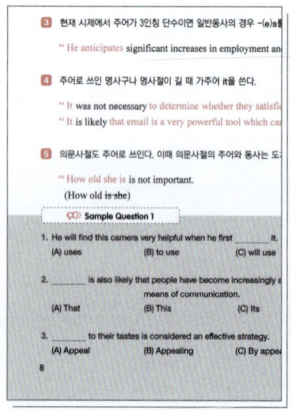

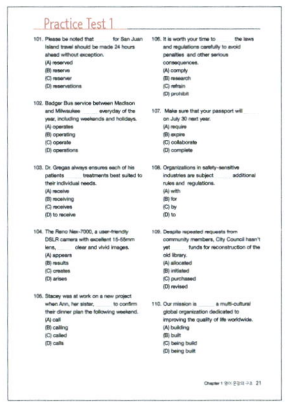

● **Practice Test**

최신 경향의 연습문제를 통해 실전 유형을 익히며 토익에 대비할 수 있습니다.

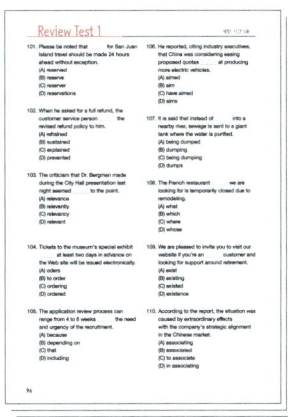

● **Review Test**

문법별로 풀어보았던 연습문제들을 무작위로 구성하여 다시 한 번 복습을 할 수 있습니다. 학습한 내용을 다시 한 번 확인하고 부족한 부분을 체크해보세요.

● **토익 빈출 어휘와 표현**

part 5의 어휘 문제 비중은 점점 높아지는 추세입니다. 자주 출제되는 어휘와 표현은 문법과는 별도로 꾸준히 학습하면 쉽게 점수 향상을 기대할 수 있습니다.

● **정답과 해설**

정답을 찾아가는 자세한 방법과 구문 해설, 어휘 정리까지 수록하였습니다.

목차

TOEIC PART 5

Chapter 1 영어 문장의 구조

1. 주어 — 8
2. 동사 (1) — 9
3. 동사 (2) — 10
4. 목적어 — 15
5. 보어 — 17
6. 형용사구 — 18
7. 토익 문장의 기본 구조 — 20

Practice Test 1 — 21
Practice Test 2 — 22
Practice Test 3 — 23
Practice Test 4 — 24
Practice Test 5 — 25

Chapter 2 시제

1. 과거 · 현재 · 미래 시제 — 28
2. 진행 시제 — 29
3. 완료 시제 — 30
4. 주의해야 할 시제 — 31

Practice Test 1 — 32
Practice Test 2 — 33

Chapter 3 수동태

1. 여러 가지 수동태 — 36
2. 주의해야 할 수동태 표현 — 38

Practice Test — 39

Chapter 4 관계대명사

1. 관계대명사의 종류 — 42
2. 관계대명사의 생략과 계속적 용법 — 44

Practice Test — 45

Chapter 5 분사

1. 현재분사와 과거분사 — 48
2. 분사구문 — 50

Practice Test 1 — 52
Practice Test 2 — 53

Chapter 6   to부정사와 동명사

1. to부정사와 동명사의 성격   56
2. to부정사와 동명사의 관용 표현   60
Practice Test   61

Chapter 7   가정법

1. 가정법의 종류 (1)   64
2. 가정법의 종류 (2)   66
Practice Test   67

Chapter 8   명사와 대명사

1. 명사   70
2. 대명사   73
Practice Test 1   75
Practice Test 2   76

Chapter 9   형용사와 부사

1. 형용사의 성격   78
2. 부사의 성격   81
3. 부사의 위치   82
4. 자주 쓰이는 부사   83
Practice Test 1   86
Practice Test 2   87

Chapter 10   접속사와 전치사

1. 접속사와 전치사 비교   90
2. 주의해야 할 전치사   92
Practice Test   94

Review Test 1   96
Review Test 2   98
Review Test 3   100
토익 빈출 어휘와 표현   103

Chapter 1

영어 문장의 구조

- 주어
- 동사 (1)
- 동사 (2)
- 목적어
- 보어
- 형용사구
- 토익 문장의 기본 구조
- Practice Test 1
- Practice Test 2
- Practice Test 3
- Practice Test 4
- Practice Test 5

1. 주어

> **TOEIC 포인트 1**   주어 관련 문제는 주격 대명사, 단수와 복수, 시제에 주의한다.

1 주어 자리에 인칭대명사를 쓸 때 주격을 쓴다. (I, you, he, she, it, we, they)

" **She** helped me a lot.

2 주어 자리에는 대명사, 명사(구), to부정사, 동명사가 올 수 있다.

" **They** provided us with information. (대명사)
" **Their party** was well attended. (명사)
" **To teach** is to learn twice. (to부정사)
" **Learning** foreign languages gives us many benefits. (동명사)
" **How to defend** yourself in an argument is very important. (명사구)

3 현재 시제에서 주어가 3인칭 단수이면 일반동사의 경우 -(e)s를 붙인다.

" He **anticipates** significant increases in employment and personal income in March.

4 주어로 쓰인 명사구나 명사절이 길 때 가주어 it을 쓴다.

" **It** was not necessary to determine whether they satisfied the requirements.
" **It** is likely that email is a very powerful tool which can be equally frustrating.

5 의문사절도 주어로 쓰인다. 이때 의문사절의 주어와 동사는 도치하지 않는다.

" **How old she is** is not important.
  (How old ~~is she~~)

> 📢 **Sample Question 1**

1. He will find this camera very helpful when he first _____ it.
   (A) uses   (B) to use   (C) will use   (D) use

2. _____ is also likely that people have become increasingly accustomed to using email as a means of communication.
   (A) That   (B) This   (C) Its   (D) It

3. _____ to their tastes is considered an effective strategy.
   (A) Appeal   (B) Appealing   (C) By appealing   (D) While appealing

2. 동사 (1)

TOEIC 포인트 2 동사 관련 문제는 문장의 주어가 무엇인지 먼저 파악한다.

1 동사의 위치는 주어 뒤이며, 동사 자리가 아닌 경우 준동사(to부정사, 동명사, 분사)를 쓴다.

He rushed into the room ~~shout~~ at his sister. (동사 자리 아님)
→ He rushed into the room to shout at his sister. (to부정사: ~하기 위하여)
→ He rushed into the room shouting at his sister. (분사: ~하면서)

He considered ~~move~~ to Los Angeles. (동사 자리 아님)
→ He considered moving to Los Angeles. (동명사: consider는 목적어로 동명사를 쓴다.)

2 조동사 뒤에는 반드시 동사원형을 쓴다.

He will ~~continues~~ to invest in Mexico over the next four years despite tariff threats.
→ He will continue to invest in Mexico over the next four years despite tariff threats.

3 접속사 뒤에는 **주어 + 동사**의 구조를 원칙적으로 쓴다. (**동사의 -ing 형태**도 많이 쓰인다.)

You may be required to submit this document after we review your file.
If you have more questions after reviewing this site, please feel free to contact us.

문제풀이 TIP 주어의 형태는 동사가 결정한다.

- **Complete**를 문장에 맞게 바꾸어 보시오.

    _____ applying forms is not easy. → Completing (주어: 지원 서류를 완성하는 것)

    _____ applying forms should arrive no later than May 15. → Completed (주어: 완성된 지원 서류)

🔊 **Sample Question 2**

1. New models will _____ on display in the lobby.
   (A) be (B) are (C) is (D) to be

2. Review the checklist on the last page before _____ it.
   (A) submission (B) submitting (C) submit (D) submitted

3. Why is _____ essential to put the customer first?
   (A) he (B) that (C) it (D) being

3. 동사 (2)

TOEIC 포인트 3 영어 문장의 구조는 동사에 의해 결정된다.

1 주어 + 동사 + 부사(구, 절)의 구조 (1형식, 완전 자동사)

자동사는 목적어를 가질 수 없다. 완전 자동사는 부사, 부사구[절]와 함께 쓰인다.

come, go, rise, arise, happen, occur, run, develop

- They came from many racial and ethnic backgrounds.
- The accident happend last night.
- The accident arose from mechanical malfunction.
- New farming methods developed dramatically.
- An error occurred while attempting to activate the product.

> ❖ 토익 빈출: 자동사 + 전치사
>
> attend on ~의 시중을 들다 attend to ~을 처리하다, 신경 써 주다 coincide with ~와 일치하다 comply with (규정, 법 등)을 준수하다 deal with ~을 처리하다(= handle) refrain from ~를 삼가다 result in ~한 결과를 초래하다 result from ~에 기인하다 specialize in ~를 전문으로 하다

- The servants in light blue uniforms were attending on the guests.
- Thank you for attending to this matter in a timely manner.
- I am sure Jane can deal with a part of the project.
- The abundance of OLED TV brands in the market has resulted in fierce competition.
- They still have to deal with problems resulting from high unemployment.
- Merchants have to comply with two new security requirements.

📢 Sample Question 3

1. You must be prepared to deal with those technical problems when they _____.
   (A) rise   (B) raise   (C) arise   (D) risen

2. At some point, everyone in business has to _____ with an upset customer.
   (A) deal   (B) handle   (C) take care   (D) comply

3. They predict that the prices will _____ sharply next year.
   (A) rise   (B) raise   (C) arise   (D) arouse

2 주어 + 동사 + 보어의 구조 (2형식, 불완전 자동사)

① 불완전 자동사는 주격 보어를 가지며, 주격 보어는 주어의 성질, 양태, 상태 등을 설명한다.

appear, be, become, grow, look, prove, remain, come, go, seem, stay, feel, smell, taste

② 명사, to부정사, 동명사, 형용사, 전치사구, 의문사 + to부정사는 주격 보어 역할을 한다.

natural, strange, necessary, right, important, proper, essential

" Arthur began to abuse alcohol after his business went bankrupt. (형용사)
" He became interested in investing during the recent Financial Crisis. (형용사구)
" The company seems to be under investigation. (to부정사)
" The meeting is at 10 o'clock. (전치사구)
" Today's topic is how to operate the machine efficiently. (의문사 + to부정사)

❖ 토익 빈출: be + 형용사 또는 전치사 + for/to 구문

be about to + 동사: 막 ~하려하다
The movie is about to start.
be anxious to + 동사: ~하고자 안달하다
Don't be anxious to please people.
be applicable to + 명사: ~에 해당되다
This can be applicable to a real situation.
be eligible for + 명사/to + 동사: ~할 자격이 있다
What is necessary to be eligible for promotion?
be responsible for + 명사: ~에 책임이 있다
He is not responsible for the accident.
be subject to + 명사: ~를 당하다
Product prices are subject to change without prior notice.

📢 Sample Question 4

1. Please note that our website URL will remain _____.
   (A) unchange (B) unchanged (C) to unchange (D) unchanges

2. You may be _____ for tax deductions, which reduce the amount that is considered income.
   (A) eligible (B) able (C) liable (D) subject

3. Our purpose is _____ a better Australia by maximising the outcomes and potential of Australian businesses.
   (A) created (B) creation (C) creative (D) creating

3 주어 + 동사 + 목적어의 구조 (3형식, 타동사)

> ❖ 토익 빈출: 자동사로 착각하기 쉬운 타동사
>
> access ~~to~~ ~에 접근하다   attend ~~to~~ ~에 참석하다   contact ~~with~~ ~와 접촉하다   address ~~with~~ ~를 다루다
> explain ~~about~~ ~를 설명하다   handle ~~with~~ ~를 처리하다

" Click here to **access** the Help page for more information.
" The president never **addressed** the issues of abortion and immigration.
" She was unable to **contact** her insurance company.
" How you **handle** customer complaints will determine if the customer comes back.

> ❖ 토익 빈출: 타동사의 용법
>
> hope that + 주어 + 동사: ~하기를 바라다   ☞ hope는 to부정사 또는 that절을 목적어로 취한다.
> recommend A to 사람: ~에게 A를 추천하다   announce A to 사람: ~에게 A를 발표하다
> propose A to 사람: ~에게 A를 제안하다   suggest A to 사람: ~에게 A를 제안하다
> explain A to 사람: ~에게 A를 설명하다   mention A to 사람: ~에게 A를 언급하다
> attribute A to B: A를 B의 탓[덕]으로 돌리다   provide A with B: A에게 B를 공급하다
> supply A with B: A에게 B를 제공하다   convince A of B: A에게 B를 설득시키다
> inform A of B: A에게 B를 알리다   notify A of B: A에게 B를 통보하다
> assure A of B: A에게 B를 확신시키다   remind A of B: A에게 B를 상기시키다
> rob A of B: A에게서 B를 빼앗다   submit A to B: B에게 A를 제출하다

📣 Sample Question 5

1. Few employees at the company signed up to _____ the party.
   (A) participate   (B) attend   (C) go   (D) arrive

2. Write a persuasive letter to _____ them of your opinion.
   (A) convince   (B) propose   (C) submit   (D) provide

3. There are dozens of organizations that are legally allowed to _____ our medical records for a variety of reasons.
   (A) access to   (B) accessible   (C) access   (D) accessing

4 주어 + 동사 + 간접 목적어(사람) + 직접 목적어(사물)의 구조 (4형식, 수여동사)

'~에게 ~를 (해)주다'의 뜻으로 파악되면 대개 이 형식에 속하는 동사이다.

assure 장담하다　assign 배당하다　offer 제공하다　lend 빌려 주다　send 보내 주다　bring 가져오다　award 수여하다　grant 부여하다　give 주다　show 보여 주다　promise 약속해 주다　teach 가르쳐 주다　tell 말해 주다

* They granted all of us access to their documents.

> ✣ 직접 목적어로 that절을 취할 수 있는 4형식 동사
>
> advise 충고하다, 알려주다　assure 장담하다, 확언하다　convince 납득시키다　ensure 보장하다　inform 통지하다　notify 통보하다　remind 상기시키다　tell 말해 주다

* They assured us that the matter will be given its full consideration.
* They advised him that this was their final notice.
* The doctor assured us that everything would turn out all right.
* He has to ensure his customers that the product was thoroughly tested.
* It's not easy to convince them that your study will benefit their marketing efforts.

Sample Question 6

1. The director will _____ us something to do tomorrow.
   (A) explain (B) assign (C) attribute (D) announce

2. We _____ you one of the most meaningful days of your life.
   (A) advise (B) supply (C) apply (D) promise

3. Dan Clara and Scott Littau will use their combined experience to _____ their customers that the auction will be a big success.
   (A) refurbish (B) obligate (C) assure (D) detail

5 주어 + 동사 + 목적어 + 목적격 보어의 구조 (5형식)

'~가 ~(하기)를 ~하다'의 뜻으로 파악되면 대개 이 형식에 속하는 동사이며 목적격 보어의 종류는 동사가 결정한다.

목적격 보어	동사
to부정사	advise, ask, assure, allow, cause, compel, convince, enable, encourage, expect, need, impel, oblige, obligate, permit, persuade, request, require, want, would like Their system enabled them to achieve unprecedented successes.
동사원형	사역동사(have, make, let), 지각동사(feel, listen to, hear, see, watch, find), help Let people do whatever they want. The process was designed to help us guide the plan development.
형용사	believe, consider, find, keep Many critics have found the plot of his new novel too predictable.
명사	believe, call, consider, name, regard They did not consider her a legitimate president.
분사 (~ing, p.p.)	지각동사, 사역동사, keep (단, 사역동사는 ~ing를 목적격 보어로 취하지 않는다.) He had his house painted by them. I saw her picking up her children from school. I saw them picked up, with my own eyes.

📢 Sample Question 7

1. We _____ drivers to reduce their speed when approaching a crossing.
   (A) advise (B) let (C) had (D) made

2. We don't _____ attendees to see a designated area.
   (A) let (B) prove (C) allow (D) like

3. Since we have a problem with our assembly line, we will permit employees _____ a day off.
   (A) took (B) to take (C) taking (D) takes

4. 목적어

TOEIC 포인트 4 목적어를 취하는 동사의 유형을 파악한다.

1 명사, 대명사의 목적격, 소유대명사, 의문사 + to부정사, 명사절은 목적어로 쓰인다.

대명사의 목적격: me, you, him, her, us, them
소유대명사: mine, yours, his, hers, theirs
의문사 + to부정사: Today's topic includes how to customize your desktop.
명사절: I think that your computer might have caused your problems.

> ⁕ that절을 목적어로 취하는 동사
>
> think, believe, expect, decide, hope, know, understand, suppose, guess, imagine, ensure, indicate, feel, remember, forget, say, admit, argue, reply, agree, claim, deny, mention, answer, complain, explain, promise, suggest, warrant
>
> ⁕ 권고를 나타내는 동사(recommend, demand, suggest 등)의 that절에서는 동사를 원형으로 쓴다.

- I hope that you will enjoy your holiday.
- She didn't really think that the accident would happen.
- I knew that I had seen her somewhere before.

2 의문사절도 목적어로 쓰인다. 이때 의문사절의 주어와 동사는 도치하지 않는다. (간접의문문)

- It's not important to know where she lives.

🔊 Sample Question 8

1. Environmental groups have demanded that the company _____ responsibility.
   (A) admit   (B) will admit   (C) admits   (D) admitting

2. The committee strongly recommended that he _____ questions about the price increase.
   (A) answer   (B) answering   (C) answers   (D) is answering

3. The presidential candidates are competing for more _____ on social media.
   (A) expose   (B) exposed   (C) exposes   (D) exposure

3 준동사(to부정사, 동명사, 분사) 뒤에 목적어를 쓸 수 있다.

❝ They have decided to relocate the city hall only to receive a larger budget next year.

4 전치사 다음에는 목적격을 쓴다.

❝ Daniel is willing to rely on her.

5 전치사 다음에 동사가 올 경우 동명사로 쓴다.

❝ They help us by killing bugs.

문제풀이 **TIP** to부정사가 아닌 전치사 to로 쓰이는 경우 to 다음에 (동)명사를 써야 한다.
- I look forward to helping you illuminate the close relationship between them.
- An exercise scientist reveals the key to getting stronger.

come close to, look forward to, confess to, adjust to, be accustomed to, object to, be addicted to, be committed to, be opposed to, be devoted to, be dedicated to, be used to + (동)명사

---

6 to부정사, 동명사를 목적어로 쓰는 동사를 구분하여 익혀야 한다. ☞ p. 56 참고

7 목적어가 길 때(to부정사, that절 등) 가목적어 it을 쓴다.

주어 + 동사 + 가목적어 it + 형용사 + to부정사/that절 구조

❝ Many CEOs found it hard to recruit suitable candidates.
❝ The new president made it clear that he wanted to work with the company.

📢 **Sample Question 9**

1. They offer excellent _____ as a way to retain their key employees.
   (A) benefiting   (B) benefits   (C) benefited   (D) beneficial

2. The new system failed to make _____ easier to purchase from an online store.
   (A) it   (B) itself   (C) its   (D) it's

3. You will experience no delays in _____ your transactions.
   (A) procedures   (B) process   (C) processing   (D) proceeded

5. 보어

> **TOEIC 포인트 5** 주격 보어, 목적격 보어의 형태에 주의한다.

1 주격 보어를 필요로 하는 동사와 주격 보어의 형태 ☞ p. 11 참고

2 목적격 보어를 필요로 하는 동사와 목적격 보어의 형태 ☞ p. 14 참고

3 명사를 보어로 쓰는 경우: 직업, 소속을 나타내거나 주어와 보어의 속성이 동격의 관계가 성립할 때

" Social networking has become an essential part of our live. (주어와 주격 보어가 동격의 관계)
" They called the training method positive reinforcement. (목적어와 목적격 보어가 동격의 관계)

문제풀이 TIP 주격 보어, 목적격 보어 자리를 묻는 문제는 문장에 쓰인 동사를 파악한 후 결정한다.

- Please ensure that all public information will remain _____.
  ① confidentially   ② confidential   (주격 보어 자리)
- Why do we have to consider the negative result _____?
  ① conclusion   ② conclusive   (목적격 보어 자리)

🔊 Sample Question 10

1. Javia People Engine is _____ by name, phone number, and email address.
   (A) search   (B) searchable   (C) searches   (D) to search

2. Understanding customer expectations can help you _____ customer satisfaction.
   (A) increasing   (B) increase   (C) increased   (D) increasable

3. Despite diversifying into e-commerce, Edge Printing has remained _____ to customers who have supported it for decades.
   (A) loyalty   (B) loyal   (C) loyally   (D) loyalties

6. 형용사구

> **TOEIC 포인트 6** 수식을 받는 명사와 수식하는 형용사구 간의 관계에 주의한다.

형용사구: 두 개 이상의 단어로 이루어져 명사를 뒤에서 수식하는 구

1 전치사 + 명사의 형태를 사용하여 앞의 명사를 수식

- The girl in front of him will marry my brother next week.
- The baby in the crib looks happy.

2 to부정사를 사용하여 앞의 명사를 수식 (1)

꾸밈을 받는 명사가 뒤에 오는 to부정사의 의미상의 주어 또는 목적어일 때

- She has no one to help her. (no one은 to help her의 의미상 주어)
- I have a lot of things to do tonight. (things는 to do의 의미상 목적어)

3 to부정사를 사용하여 앞의 명사를 수식 (2)

① 명사와 to부정사 사이에 동격 관계, 용도, 능력, 목적의 의미 등이 있을 때
② 수식을 받는 명사 앞에 **first, second, next, last** 등의 서수나 최상급이 있을 때

- She had no intention to hurt you. (동격)
- Parks have places to set up tents. (용도)
- Computers have the ability to think. (능력)
- Who was the last person to see the baby alive? (최상급)
- New Zealand was the first country to give women the vote. (서수)

> 📢 **Sample Question 11**

1. Some students _____ good qualifications want to work at the company.
   (A) in (B) with (C) of (D) to

2. Free advice sheets _____ a range of topics can be picked up from the Resource Center.
   (A) covered (B) covering (C) have been covered (D) which covers

3. She was the first woman _____ as Secretary of State.
   (A) serving (B) to serve (C) serves (D) served

4 -ing구를 사용하여 앞의 명사를 수식 (능동의 관계)

- The man standing on the platform is my brother.
- There are many people visiting the park.

5 과거분사구를 사용하여 앞의 명사를 수식 (수동의 관계)

- There are many people surprised at the news.
- This is the book written 100 years ago.

6 형용사구를 사용하여 앞의 명사를 수식 (주격 관계대명사와 be동사의 생략)

- This is a good site (which is) useful for teenagers.
- She brought me a glass (which was) full of red wine.

문제풀이 TIP 주어 + 수식구 + 동사의 구조에 익숙해져야 한다.

- His intention to apply for the job was to support his family in London. (동격)
- The warranty provided with the products is in effect only if the products have been assembled in accordance with the setup instructions. (과거분사구: ~된)
- Loyal employees capable of finding creative solutions to problems are hard to find. (형용사구)

📢 Sample Question 12

1. The merchandise _____ by the customer is out of stock.
   (A) odering   (B) ordered   (C) have been ordered   (D) had ordered

2. He is one of the employees _____ of specifying necessary safety control measures.
   (A) capable   (B) able   (C) interested   (D) enjoying

3. A chemical company _____ three thousand people has gone bankrupt.
   (A) employed   (B) employing   (C) which employing   (D) of employing

7. 토익 문장의 기본 구조

> **TOEIC 포인트 7** 두 개의 문장을 한 문장으로 연결하는 기본 구조를 이해해야 한다.

토익에 자주 나오는 기본 문장 구조를 다음의 두 문장이 어떻게 한 문장으로 변형되는지 파악하며 이해하자.

He rushed into the room. + He shouted at his sister.

1 등위접속사(and, or, but)를 사용하여 두 문장을 연결하기 (그리고 ~하다)

" He rushed into the room and (he) shouted at his sister.

2 접속사(as, when, after 등)를 사용하여 종속절 + 주절의 형태로 만들기 (~할 때, ~한 후)

" As he rushed into the room, he shouted at his sister.

3 위 문장을 분사구문으로 만들기 ☞ p. 50 참고

" Rushing into the room, he shouted at his sister.

4 완성된 한 문장 뒤에 -ing 형태로 연결하여 동시동작, 동시상황(~하면서)과 연속동작(그리고 ~하다) 만들기

" He rushed into the room shouting at his sister. (동시동작: 소리를 지르며)
" He rushed into the room, shouting at his sister. (연속동작: 그리고 소리를 질렀다)

5 완성된 한 문장 뒤에 to부정사로 다음 문장을 연결하기 (~하기 위하여)

" He rushed into the room to shout at his sister. (=To shout at his sister, he rushed into the room.)

> 🔊 **Sample Question 13**

1. _____ customers become familiar with a product, complaints should drop sharply.
   (A) Some   (B) Once   (C) Even   (D) Rarely

2. Whatever you can do _____ them will increase your chances of success.
   (A) to convince   (B) convinced   (C) convince   (D) is convincing

3. Our airline industry has been debilitated by the recent recession _____ an overreliance on discounting.
   (A) but   (B) and   (C) in addition   (D) so

Practice Test 1

101. Please be noted that _____ for San Juan Island travel should be made 24 hours ahead without exception.
    (A) reserved
    (B) reserve
    (C) reserver
    (D) reservations

102. Badger Bus service between Madison and Milwaukee _____ everyday of the year, including weekends and holidays.
    (A) operates
    (B) operating
    (C) operate
    (D) operations

103. Dr. Gregas always ensures each of his patients _____ treatments best suited to their individual needs.
    (A) receive
    (B) receiving
    (C) receives
    (D) to receive

104. The Reno Nex-7000, a user-friendly DSLR camera with excellent 15-55mm lens, _____ clear and vivid images.
    (A) appears
    (B) results
    (C) creates
    (D) arises

105. Stacey was at work on a new project when Ann, her sister, _____ to confirm their dinner plan the following weekend.
    (A) call
    (B) calling
    (C) called
    (D) calls

106. It is worth your time to _____ the laws and regulations carefully to avoid penalties and other serious consequences.
    (A) comply
    (B) research
    (C) refrain
    (D) prohibit

107. Make sure that your passport will _____ on July 30 next year.
    (A) require
    (B) expire
    (C) collaborate
    (D) complete

108. Organizations in safety-sensitive industries are subject _____ additional rules and regulations.
    (A) with
    (B) for
    (C) by
    (D) to

109. Despite repeated requests from community members, City Council hasn't yet _____ funds for reconstruction of the old library.
    (A) allocated
    (B) initiated
    (C) purchased
    (D) revised

110. Our mission is _____ a multi-cultural global organization dedicated to improving the quality of life worldwide.
    (A) building
    (B) built
    (C) being build
    (D) being built

Practice Test 2

101. The CEO suggested the new employees in the R&D department _____ during the holiday if necessary.
    (A) to work
    (B) work
    (C) working
    (D) will work

102. When he asked for a full refund, the customer service person _____ the revised refund policy to him.
    (A) refrained
    (B) sustained
    (C) explained
    (D) prevented

103. Since Max planned and implemented the project carefully, we chose _____ his project to the board members.
    (A) send
    (B) sending
    (C) to send
    (D) be sent

104. David will avoid _____ his supervisor until he finishes writing the quarterly sales report.
    (A) meeting
    (B) to meet
    (C) that he meets
    (D) met

105. If you consider _____ a career in the hospitality industry, be sure to study communication skills in a foreign language.
    (A) pursuit
    (B) pursue
    (C) to pursue
    (D) pursuing

106. The company regulation requires that all workers wear protective gears before _____ the construction site.
    (A) enters
    (B) to enter
    (C) enter
    (D) entering

107. Because both contestants performed so well, judges found _____ difficult to decide the winner of the contest.
    (A) that
    (B) it
    (C) its
    (D) this

108. We found one _____ in solving the problem although the financial situation of the company was getting worse.
    (A) option
    (B) opt
    (C) optional
    (D) optionally

109. The instructor in the workshop can teach people how to have _____ in themselves so that they make an effective presentation.
    (A) motivation
    (B) competition
    (C) confidence
    (D) responsibility

110. The citizens will elect him as a mayor since he has been committed to _____ the right thing under all circumstances.
    (A) do
    (B) does
    (C) doing
    (D) done

22

Practice Test 3

101. It's advised that we adjust our prices and promote our extra features if we want to remain _____ in the market.
    (A) competitive
    (B) compete
    (C) competed
    (D) competition

102. Many of our office supplies are running _____ due to the change in accounting policies in effect since last week.
    (A) short
    (B) shorts
    (C) shortly
    (D) shortened

103. The criticism that Dr. Bergman made during the City Hall presentation last night seemed _____ to the point.
    (A) relevance
    (B) relevantly
    (C) relevancy
    (D) relevant

104. As soon as the position becomes _____, the first applicant will be notified immediately by e-mail.
    (A) vacantness
    (B) vacantly
    (C) vacant
    (D) vacancy

105. Our office supplies _____ to be adequate, given the relatively large orders we received this month.
    (A) examine
    (B) appear
    (C) deliver
    (D) return

106. In order to be _____ in this new business market, we expect our employees to adopt an excellent business mind-set.
    (A) successive
    (B) success
    (C) successful
    (D) succeed

107. I am sure that reduction in waiting time can also make your service more _____ to customers.
    (A) attracts
    (B) attractive
    (C) attracting
    (D) attraction

108. We provide publications to elderly people free of charge to allow them _____ informed about senior health issues and concerns.
    (A) staying
    (B) stayed
    (C) stay
    (D) to stay

109. Mr. May, the new director of the department, should be dedicated to _____ all of our business transactions.
    (A) archive
    (B) archiving
    (C) archived
    (D) archives

110. The chairman of the committee has finally agreed to renovate the office building to make it _____ to people with disabilities.
    (A) access
    (B) accessible
    (C) accessed
    (D) accessing

Practice Test 4

101. It was a measure _____ to give the American steel industry time to reorganize in the face of unfair competition from abroad.
    (A) designed
    (B) designing
    (C) has been designed
    (D) which designed

102. Free leaflets and advice sheets _____ a range of topics can be picked up from the Resource Center at Cromwell Drive.
    (A) cover
    (B) covers
    (C) covering
    (D) covered

103. Applications _____ after the November 15 deadline will not be processed without exception.
    (A) receive
    (B) receiving
    (C) receives
    (D) received

104. Tickets to the museum's special exhibit _____ at least two days in advance on the Web site will be issued electronically.
    (A) oders
    (B) to order
    (C) ordering
    (D) ordered

105. With an unprecedented surge _____ electronic sales, economists are anticipating that the device-to-person ratio will soon surpass their predictions.
    (A) in
    (B) to
    (C) for
    (D) by

106. Keyhan Engineering has developed a state-of-the-art drainage system _____ to keep roads dry and stabilized during heavy rain.
    (A) designs
    (B) design
    (C) designing
    (D) designed

107. The warranty and technical support _____ with your Mico Compact-S700 will expire on July 30 next week.
    (A) will be provided
    (B) providing
    (C) provided
    (D) to provide

108. Ensure that you always use the tools _____ in the instructions and use eye protection when working with tools.
    (A) specified
    (B) specific
    (C) specifying
    (D) to specify

109. The first thing you need to understand is that parts _____ more than 20 kilograms are marked "Heavy" in red.
    (A) weigh
    (B) to weigh
    (C) weighing
    (D) weighs

110. The proposed electronic device will be made of parts _____ by our own factories unless otherwise noted.
    (A) to produce
    (B) produce
    (C) producing
    (D) produced

Practice Test 5

101. You need to know that recharging these batteries takes up to six hours, _____ you have to check them on a regular basis.
  (A) so
  (B) despite
  (C) which
  (D) in spite of

102. To attract more travelers, the travel agency launched a new product late last year _____ has been busy working on improving its service and lobbying investors.
  (A) when
  (B) to
  (C) because
  (D) and

103. _____ customers' complaints were getting serious, they decided to pay more attention to taking more care in monitoring quality.
  (A) Now
  (B) Despite
  (C) As
  (D) Because of

104. The guarantee is available to all customers who use Simo version 3.0 or higher _____ is covered under the Simo product warranty which is valid for 90 days after delivery.
  (A) while
  (B) then
  (C) and
  (D) which

105. The application review process can range from 4 to 6 weeks _____ the need and urgency of the recruitment.
  (A) because
  (B) depending on
  (C) that
  (D) including

106. _____ several committee members have been delayed, the audit report will be discussed later than planned at today's meeting.
  (A) Because
  (B) That
  (C) Despite
  (D) As of

107. Tickets to her upcoming live concert may be ordered in advance on the Web site _____ purchased upon arrival.
  (A) when
  (B) before
  (C) but
  (D) or

108. _____ in The Doctor Fund, either complete the online form or register in person at Ferguson Center no later than next Friday.
  (A) Enrolling
  (B) When enrolled
  (C) To enroll
  (D) With enrollment

109. Jason has the ability to categorize different types of documents, work independently preparing presentation materials, _____ carry out daily tasks easily.
  (A) so
  (B) while
  (C) when
  (D) and

110. You have a week to pay for the product, after which you'll be charged the late fees _____ the full amount is paid off.
  (A) with
  (B) until
  (C) in addition to
  (D) and

Chapter 1 영어 문장의 구조 25

MEMO

Chapter 2

시제

- 과거 • 현재 • 미래 시제
- 진행 시제
- 완료 시제
- 주의해야 할 시제
- Practice Test 1
- Practice Test 2

1. 과거·현재·미래 시제

TOEIC 포인트 8 영어의 시제는 교착어인 한국어에 비해 많이 발달해 있다. 각 시제의 특징과 어형을 반드시 익히자.

구분	현재	과거	미래
단순	I live in London.	lived	will live
진행(be ~ing)	I am living in London.	was living	will be living
완료(have+p.p.)	I have lived in London.	had lived	will have lived
완료 진행 (have been ~ing)	I have been living in London.	had been living	will have been living

1 현재, 과거, 미래와 각각 잘 어울리는 시점 부사에 유의한다.

구분	특징	잘 어울리는 부사(구, 절)
현재	직업, 소속, 현재 상태, 일반적 사실	usually, generally, frequently, daily, monthly, yearly, every day
과거	과거 시점의 상태, 과거 사실	last month[year], at one time, in + 연도, then, those days, a year ago, recently[lately](과거, 현재완료 시제에 모두 쓰임), as of + 과거 시점
미래	미래에 발생할 사실, 주어의 의지	next week, as of + 미래 시점, in the future, soon[shortly], later this week, sometime next week, starting[beginning] from + 미래

2 will은 자발성, 의지(약속), be going to는 계획성이 내포되어 있다.

" I **will** pick it up. (내가 받을게. → 순간적, 자발적 결정)
" I **am going to** pick up the next call. (다음 전화는 내가 꼭 받아야지. → 미리 작정한 내용)

📢 Sample Question 1

1. They are currently _____ job vacancies available in Canada.
   (A) seeking   (B) sought   (C) being seeking   (D) to be sought

2. He _____ you the product-related information you requested when he gets it.
   (A) is sending   (B) sends   (C) did   (D) will send

3. People _____ much more to make cell phone calls in the past.
   (A) pays   (B) has paid   (C) have paid   (D) paid

2. 진행 시제

1 진행 시제 관련 문제는 주로 be ____ ~ing의 형태에서 빈칸에 들어갈 부사를 고르는 문제가 많다.

📢 Many companies are currently undergoing significant organizational change.

2 두 사건이 과거에 동시에 발생하고, 주절의 동사가 종속절의 동사를 간섭할 경우 종속절에는 과거 진행형을 쓴다.

📢 When he (attended) was attending a meeting in New York, his wife called twice.

3 미래 진행 시제는 다음과 같은 경우 쓴다.

① 미래의 시점에 어떤 동작이 진행되고 있을 때: This time next month, I'll be visiting Seoul.

② 미래 시점에 발생할 것으로 확정되어 있는 경우: When will we be arriving at London?

③ 현재 일어나고 있는 일을 예측해서 말할 때: They'll still be waiting for you.

> ✥ 단순 미래와 미래 진행은 아래의 경우와 같은 차이가 있다.
>
> ① 단순 미래 상황: 직장에서 이번 일요일에 출근 가능한 사람을 찾고 있을 때
>   I will work on this Sunday. (이번 일요일에 내가 일할 수 있다는 정보만 전달)
> ② 미래 진행 상황: 아들이 이번 일요일에 야구장에 가자고 할 때 (위 ②의 예)
>   I will be working on this Sunday. (이번 일요일에는 내가 근무 중일 것이므로 시간이 안된다는 의미)

📢 Sample Question 2

1. While he _____ the email, the computer suddenly went off.
   (A) is writing   (B) writes   (C) was writing   (D) wrote

2. He won't _____ any work while you are not here.
   (A) does   (B) be doing   (C) did   (D) done

3. This time next week, I _____ Japan for the first time on business.
   (A) visit   (B) will be visiting   (C) am visiting   (D) visited

3. 완료 시제

1 현재완료 시제는 어떤 동작 또는 상황이 두 개의 시점(과거, 현재)에 걸쳐 일어나는 경우에 쓴다.

① 과거부터 현재까지의 계속성: They **have been** in business (**for** 5 years / **since** 2009).

② 현재 시점에서 본 경험의 유무, 또는 과거의 다른 시점에서 반복된 일:
I **have (recently) been** to London, but I **have never been** to New York.

③ 현재 시점에서 본 과거 행위의 완료 또는 성취, 또는 현재까지 완료되지 못한 일:
The company **has (finally, just) released** a new model.

④ 현재 시점에서 본 변화 또는 결과: Her French **has improved** since she moved to Paris.

2 현재완료 진행 시제는 과거부터 현재까지 포함된 시간 부사(**for two days, since last week** 등)와 **recently, lately** 등과 함께 쓰여 과거에 시작된 일이 현재까지 진행되고 있음을 나타낸다.

" They **have been working** on the project **since March**.

3 과거완료 시제는 주어진 과거의 그 시점보다 먼저 일어난 동작, 상황에 대해 서술한다.

" Only Lisa understood the lecture because she **had read** his book.

4 미래완료 시제는 주어진 미래의 시점(또는 그 이전)에 어떤 행위가 완료된 상태를 말한다.

" I **will have been** in London for six months <u>**by the time I leave**</u>. (주어진 미래 시점)

🔊 Sample Question 3

1. They _____ the installation of the new sprinkler system by noon tomorrow.
   (A) complete   (B) are completing   (C) will be completed   (D) will have completed

2. Our sales _____ since brand new products were introduced.
   (A) increase   (B) had increased   (C) have increased   (D) will increase

3. I can always tell when my husband _____ too much because his hands start to shake.
   (A) was going to drink   (B) has been drinking   (C) had drunk   (D) had been drinking

4. 주의해야 할 시제

1 시간, 조건 부사절에서는 미래 대신 현재, 미래완료 대신 현재완료 시제를 쓴다.

- I need to complete this report before my supervisor (~~will leave~~) leaves tomorrow.
- We will have finished our homework by the time they (~~will~~) arrive.
- We won't be able to go fishing tomorrow if it (~~will be~~) is raining.
- I look forward to hearing from you as soon as you (~~will~~) arrive.
- He will tell us everything when he (~~will~~) has decided to approve the proposal.

2 시제와 인칭에 관계없이 동사원형을 쓰는 경우

① 주장, 제안, 요구, 명령의 뜻을 가진 동사 + **that**절 + (**should**) + 동사원형
   ask, demand, request, require, tell, order, advise, recommend, propose, suggest

   The government has demanded that the comapany (~~takes~~) take an unprecedented step which will strengthen the security of our customers.

② **It** ~ 이성적 판단 형용사 + **that**절 + 주어 + (**should**) + 동사원형
   natural, strange, necessary, right, important, proper, essential, imperative, difficult, hard, easy

   Is it absolutely necessary that all business contracts (are) be in writing?

문제풀이 TIP by the time(그 때에는)은 판단의 근거가 되는 시점이며 아래의 경우가 자주 출제된다.
- by the time + 주어 + 현재 시제, 주어 + 미래완료 ~할 때쯤에는 ~를 했을 것이다 (부사절에서는 미래 대신 현재 시제)
- by the time + 주어 + 과거 시제, 주어 + 과거완료 ~했을 때에는 ~를 했을 것이다

🔊 Sample Question 4

1. It is absolutely imperative that he _____ the installation by next week.
   (A) finish   (B) finishes   (C) will finish   (D) is finishing

2. He was upset and demanded that the store _____ him a full refund immediately.
   (A) will give   (B) gives   (C) give   (D) given

3. It was recommended that he _____ guidelines or a roadmap to help the city take the necessary steps.
   (A) had to develop (B) develops   (C) has developed   (D) develop

Practice Test 1

101. Our tour guide repeatedly asked us to be very quiet while we _____ the beautifully land-scaped 15-acre property.
(A) tour
(B) toured
(C) were touring
(D) will tour

102. It is absolutely essential that people visiting our assembly line _____ a hard hat and other protective gears.
(A) wears
(B) are wearing
(C) wear
(D) to wear

103. Once the job requirements _____, we will decide who to interview for the store manager position.
(A) reviewed
(B) have reviewed
(C) have been reviewed
(D) will have been reviewed

104. As soon as the program _____ successfully installed, all staff members will be allowed to take time off to vote.
(A) will be
(B) has been
(C) was
(D) will have been

105. Melanie, known as the most adventurous woman on the mountain, _____ more by the time she turned twenty-six than most people do in their entire lives.
(A) experienced
(B) has experienced
(C) has been experiencing
(D) had experienced

106. His first novel _____ a big hit in the last year, so he is seriously considering publishing a revised version later this year.
(A) was
(B) has been
(C) had been
(D) be

107. I _____ my smartphone service suspended temporarily in the process of transferring to the branch office in Singapore.
(A) have
(B) had
(C) has
(D) has to have

108. By the time I finish writing this comedy, I _____ four comedies on SBC for the upcoming 2016-7 season.
(A) will create
(B) am creating
(C) have created
(D) will have created

109. The recipient will be able to withdraw this money from the account if the authorization _____ complete.
(A) was
(B) had been
(C) will be
(D) is

110. New immigrants from Asia and Latin America _____ cultural diversity to the American population in recent decades.
(A) add
(B) added
(C) have added
(D) had added

Practice Test 2

101. It is necessary that every company _____ into consideration the national security of each country for its overseas investment.
    (A) take
    (B) takes
    (C) took
    (D) taken

102. Additional board meeting _____ last month to conduct the business of the board at the call of the chair.
    (A) has convened
    (B) is convened
    (C) is convening
    (D) was convened

103. The annual report of the College Store Association showed that college textbook prices _____ faster than inflation.
    (A) increased
    (B) have increased
    (C) had increased
    (D) are increasing

104. By the time Chris returned from the work, he found that someone _____ to break into his SUV parked in his backyard.
    (A) tries
    (B) tried
    (C) has tried
    (D) had tried

105. Professor Ellis will arrange to have an interview with the student as she _____ a letter of recommendation for her.
    (A) writes
    (B) will write
    (C) has written
    (D) write

106. To help students recognize their inner beauty, the local university _____ a humanity contest every year since 2015.
    (A) host
    (B) hosts
    (C) will host
    (D) has hosted

107. The country is experiencing an unprecedented demographic transition, the impact of which _____ significantly by sector.
    (A) will vary
    (B) vary
    (C) varied
    (D) have varied

108. It's a privilege, without doubt, that I _____ here with such talented people for three years by next week.
    (A) have been working
    (B) will work
    (C) have worked
    (D) will have worked

109. Once your business has started, you _____, sooner or later, the challenge of making it grow.
    (A) face
    (B) will face
    (C) will have faced
    (D) have faced

110. We _____ our business to accommodate a growing demand for a range of organic products in the last year.
    (A) expanded
    (B) have expanded
    (C) will have expanded
    (D) were expanding

MEMO

Chapter 3

수동태

- 여러 가지 수동태
- 주의해야 할 수동태 표현
- Practice Test

1. 여러 가지 수동태

TOEIC 포인트 9 수동태의 기본 구조는 be + 과거 분사이며 동사의 종류에 따라 특징을 가진다.

구분	3형식	4형식	5형식
기본 구조	주어 + be + p.p.	주어 + be + p.p. + 목적어	주어 + be + p.p. + 목적격 보어
예문	The car was fixed.	He was given the book.	He was allowed to go.

1 3형식(주어 + 동사 + 목적어) 문장의 수동태

- 현재: She always invites him to the party. → He is always invited to the party by her.
- 과거: She mailed the package. → The package was mailed by her.
- 현재완료: She has written the book. → The book has been written by her.

2 4형식(주어 + 동사 + 간접 목적어 + 직접 목적어) 문장의 수동태 ☞ p. 13 참고

- He gave me the book.
  → I was given the book. (간접 목적어를 주어로 할 때: be + p.p. 다음에 직접 목적어가 쓰임)
  → The book was given to me by him. (직접 목적어를 주어로 할 때: be + p.p. 다음에 전치사 + 간접 목적어가 쓰임)

3 5형식(주어 + 동사 + 목적어 + 목적격 보어) 문장의 수동태 ☞ p. 14 참고

- They asked him to do it again. → He was asked to do it again.
- They considered it a big success. → It was considered a big success.

> ✤ 5형식 능동태에서 목적격 보어로 쓰인 원형부정사는 수동태에서 to부정사로 바뀐다.
>
> We saw him cross the road. → He was seen to cross the road.

🔊 Sample Question 1

1. People say that he was made _____ independent by his parents.
   (A) grow (B) growing (C) be grown (D) to grow

2. Jane Peter, the late NASA scientist and astronaut, was _____ the Space Achievement Award last night.
   (A) granting (B) to grant (C) granted (D) to have granted

3. You are _____ to file an income tax return if your income is above a certain level.
   (A) required (B) considered (C) eliminated (D) composed

> **문제풀이 TIP** be동사 다음에 ~ing(능동태 진행형), p.p.(수동태) 선택은 동사를 파악한 후 결정
>
> - He is _____ another run for mayor.
>   ① considering   ② considered   (3형식의 능동태 진행형 구조)
> - Jeans are not _____ business casual.
>   ① considering   ② considered   (5형식의 수동태 구조)
> - He was _____ the scholarship.
>   ① awarding   ② awarded   (4형식의 수동태 구조)

4 진행형 수동태: be + being + p.p.

" The floor is being vacuumed.

5 완료형 수동태: have + been + p.p.

" The floor has been vacuumed.

6 준동사의 수동태(to부정사, 동명사, 분사)

" They expect the floor to be cleaned immediately. (to부정사의 수동태: to + be + p.p.)
" Despite being watched by millions of viewers, it is not a good show. (동명사의 수동태: being + p.p.)
" Some fruits are able to continue ripening after being picked. (분사의 수동태: being + p.p.)

📢 Sample Question 2

1. They believe the fire was intentionally set, and the incident _____ as a hate crime.
   (A) was investigating   (B) investigated   (C) will investigate   (D) is being investigated

2. Because the warranty has expired already, we are not _____ to replace your carpet.
   (A) granted   (B) awarded   (C) obligated   (D) considerd

3. Janifer was found to _____ a mistake by her supervisor.
   (A) make   (B) have made   (C) made   (D) had made

2. 주의해야 할 수동태 표현

> **TOEIC 포인트 10**   토익에 자주 출제되는 be + p.p. + 전치사 (by를 쓰지 않는 경우) 구문이 있다.

to	be attached to ~에 부착되다 be assigned to ~에 할당되다 be known to ~에 알려지다 be known for ~로 알려지다 be married to ~와 결혼하다 be engaged to ~와 약혼한 상태이다 be reduced to (크기, 역할 등이) ~로 줄어든 상태가 되다 be entitled to + 명사[동사] ~할 권리를 주다 be devoted to ~에 전념하다 be related to ~에 관련되다	at	be alarmed (frightened / startled / surprised / astounded / amazed) at ~에 놀라다
with	be delighted[pleased] with ~에 즐거워하다 be acquainted with ~을 알다 be occupied with ~에 종사하다 be covered with ~로 덮여있다 be filled with ~로 가득차다 be satisfied with ~에 만족하다 be confused with ~에 대해 혼동하다 be faced with ~를 직면하다 be associated with ~와 관계가 있다 be endowed with ~을 타고나다	in	be interested in ~에 흥미가 있다 be dressed in ~을 입다 be engaged in ~에 종사하다
		of	be reminded of ~가 생각나다 be tired of ~에 싫증나다 be composed of, be made up of ~로 구성되다

" She was once engaged to her cousin.
" He was endowed with an unbelievable talent.
" The room was equipped with air-conditioning.
" They are entitled to cheap train tickets.

📢 Sample Question 3

1. The new CEO of the company was _____ with an exceedingly quick mind.
   (A) endowed   (B) entitled   (C) engaged   (D) startled

2. People who are 65 or older are _____ to Medicare coverage.
   (A) satisfied   (B) engaged   (C) entitled   (D) caught

3. The company has been interested _____ the subject in the last two decades.
   (A) with   (B) in   (C) to   (D) by

Practice Test 5

101. You need to know that recharging these batteries takes up to six hours, _____ you have to check them on a regular basis.
(A) so
(B) despite
(C) which
(D) in spite of

102. To attract more travelers, the travel agency launched a new product late last year _____ has been busy working on improving its service and lobbying investors.
(A) when
(B) to
(C) because
(D) and

103. _____ customers' complaints were getting serious, they decided to pay more attention to taking more care in monitoring quality.
(A) Now
(B) Despite
(C) As
(D) Because of

104. The guarantee is available to all customers who use Simo version 3.0 or higher _____ is covered under the Simo product warranty which is valid for 90 days after delivery.
(A) while
(B) then
(C) and
(D) which

105. The application review process can range from 4 to 6 weeks _____ the need and urgency of the recruitment.
(A) because
(B) depending on
(C) that
(D) including

106. _____ several committee members have been delayed, the audit report will be discussed later than planned at today's meeting.
(A) Because
(B) That
(C) Despite
(D) As of

107. Tickets to her upcoming live concert may be ordered in advance on the Web site _____ purchased upon arrival.
(A) when
(B) before
(C) but
(D) or

108. _____ in The Doctor Fund, either complete the online form or register in person at Ferguson Center no later than next Friday.
(A) Enrolling
(B) When enrolled
(C) To enroll
(D) With enrollment

109. Jason has the ability to categorize different types of documents, work independently preparing presentation materials, _____ carry out daily tasks easily.
(A) so
(B) while
(C) when
(D) and

110. You have a week to pay for the product, after which you'll be charged the late fees _____ the full amount is paid off.
(A) with
(B) until
(C) in addition to
(D) and

MEMO

Chapter 2

시제

- 과거 · 현재 · 미래 시제
- 진행 시제
- 완료 시제
- 주의해야 할 시제
- Practice Test 1
- Practice Test 2

1. 과거·현재·미래 시제

TOEIC 포인트 8 영어의 시제는 교착어인 한국어에 비해 많이 발달해 있다. 각 시제의 특징과 어형을 반드시 익히자.

구분	현재	과거	미래
단순	I live in London.	lived	will live
진행(be ~ing)	I am living in London.	was living	will be living
완료(have+p.p.)	I have lived in London.	had lived	will have lived
완료 진행 (have been ~ing)	I have been living in London.	had been living	will have been living

1 현재, 과거, 미래와 각각 잘 어울리는 시점 부사에 유의한다.

구분	특징	잘 어울리는 부사(구, 절)
현재	직업, 소속, 현재 상태, 일반적 사실	usually, generally, frequently, daily, monthly, yearly, every day
과거	과거 시점의 상태, 과거 사실	last month[year], at one time, in + 연도, then, those days, a year ago, recently[lately](과거, 현재완료 시제에 모두 쓰임), as of + 과거 시점
미래	미래에 발생할 사실, 주어의 의지	next week, as of + 미래 시점, in the future, soon[shortly], later this week, sometime next week, starting[beginning] from + 미래

2 will은 자발성, 의지(약속), be going to는 계획성이 내포되어 있다.

" I will pick it up. (내가 받을게. → 순간적, 자발적 결정)
" I am going to pick up the next call. (다음 전화는 내가 꼭 받아야지. → 미리 작정한 내용)

> 📢 **Sample Question 1**

1. They are currently _____ job vacancies available in Canada.
   (A) seeking   (B) sought   (C) being seeking   (D) to be sought

2. He _____ you the product-related information you requested when he gets it.
   (A) is sending   (B) sends   (C) did   (D) will send

3. People _____ much more to make cell phone calls in the past.
   (A) pays   (B) has paid   (C) have paid   (D) paid

2. 진행 시제

1 진행 시제 관련 문제는 주로 be _____ ~ing의 형태에서 빈칸에 들어갈 부사를 고르는 문제가 많다.

* Many companies are currently undergoing significant organizational change.

2 두 사건이 과거에 동시에 발생하고, 주절의 동사가 종속절의 동사를 간섭할 경우 종속절에는 과거 진행형을 쓴다.

* When he (attended) was attending a meeting in New York, his wife called twice.

3 미래 진행 시제는 다음과 같은 경우 쓴다.

① 미래의 시점에 어떤 동작이 진행되고 있을 때: This time next month, I'll be visiting Seoul.

② 미래 시점에 발생할 것으로 확정되어 있는 경우: When will we be arriving at London?

③ 현재 일어나고 있는 일을 예측해서 말할 때: They'll still be waiting for you.

> ✢ 단순 미래와 미래 진행은 아래의 경우와 같은 차이가 있다.
>
> ① 단순 미래 상황: 직장에서 이번 일요일에 출근 가능한 사람을 찾고 있을 때
>   I will work on this Sunday. (이번 일요일에 내가 일할 수 있다는 정보만 전달)
> ② 미래 진행 상황: 아들이 이번 일요일에 야구장에 가자고 할 때 (위 ②의 예)
>   I will be working on this Sunday. (이번 일요일에는 내가 근무 중일 것이므로 시간이 안된다는 의미)

📢 Sample Question 2

1. While he _____ the email, the computer suddenly went off.
   (A) is writing   (B) writes   (C) was writing   (D) wrote

2. He won't _____ any work while you are not here.
   (A) does   (B) be doing   (C) did   (D) done

3. This time next week, I _____ Japan for the first time on business.
   (A) visit   (B) will be visiting   (C) am visiting   (D) visited

3. 완료 시제

1 현재완료 시제는 어떤 동작 또는 상황이 두 개의 시점(과거, 현재)에 걸쳐 일어나는 경우에 쓴다.

① 과거부터 현재까지의 계속성: They have been in business (for 5 years / since 2009).

② 현재 시점에서 본 경험의 유무, 또는 과거의 다른 시점에서 반복된 일:
I have (recently) been to London, but I have never been to New York.

③ 현재 시점에서 본 과거 행위의 완료 또는 성취, 또는 현재까지 완료되지 못한 일:
The company has (finally, just) released a new model.

④ 현재 시점에서 본 변화 또는 결과: Her French has improved since she moved to Paris.

2 현재완료 진행 시제는 과거부터 현재까지 포함된 시간 부사(**for two days, since last week** 등)와 **recently, lately** 등과 함께 쓰여 과거에 시작된 일이 현재까지 진행되고 있음을 나타낸다.

" They have been working on the project since March.

3 과거완료 시제는 주어진 과거의 그 시점보다 먼저 일어난 동작, 상황에 대해 서술한다.

" Only Lisa understood the lecture because she had read his book.

4 미래완료 시제는 주어진 미래의 시점(또는 그 이전)에 어떤 행위가 완료된 상태를 말한다.

" I will have been in London for six months by the time I leave. (주어진 미래 시점)

📢 Sample Question 3

1. They _____ the installation of the new sprinkler system by noon tomorrow.
   (A) complete   (B) are completing   (C) will be completed   (D) will have completed

2. Our sales _____ since brand new products were introduced.
   (A) increase   (B) had increased   (C) have increased   (D) will increase

3. I can always tell when my husband _____ too much because his hands start to shake.
   (A) was going to drink   (B) has been drinking   (C) had drunk   (D) had been drinking

4. 주의해야 할 시제

1 시간, 조건 부사절에서는 미래 대신 현재, 미래완료 대신 현재완료 시제를 쓴다.

- I need to complete this report before my supervisor (will leave) leaves tomorrow.
- We will have finished our homework by the time they (will) arrive.
- We won't be able to go fishing tomorrow if it (will be) is raining.
- I look forward to hearing from you as soon as you (will) arrive.
- He will tell us everything when he (will) has decided to approve the proposal.

2 시제와 인칭에 관계없이 동사원형을 쓰는 경우

① 주장, 제안, 요구, 명령의 뜻을 가진 동사 + **that**절 + (**should**) + 동사원형

ask, demand, request, require, tell, order, advise, recommend, propose, suggest

The government has demanded that the comapany (takes) take an unprecedented step which will strengthen the security of our customers.

② **It** ~ 이성적 판단 형용사 + **that**절 + 주어 + (**should**) + 동사원형

natural, strange, necessary, right, important, proper, essential, imperative, difficult, hard, easy

Is it absolutely necessary that all business contracts (are) be in writing?

문제풀이 TIP by the time(그 때에는)은 판단의 근거가 되는 시점이며 아래의 경우가 자주 출제된다.
- by the time + 주어 + 현재 시제, 주어 + 미래완료 ~할 때쯤에는 ~를 했을 것이다 (부사절에서는 미래 대신 현재 시제)
- by the time + 주어 + 과거 시제, 주어 + 과거완료 ~했을 때에는 ~를 했을 것이다

📢 Sample Question 4

1. It is absolutely imperative that he _____ the installation by next week.
   (A) finish   (B) finishes   (C) will finish   (D) is finishing

2. He was upset and demanded that the store _____ him a full refund immediately.
   (A) will give   (B) gives   (C) give   (D) given

3. It was recommended that he _____ guidelines or a roadmap to help the city take the necessary steps.
   (A) had to develop   (B) develops   (C) has developed   (D) develop

Practice Test 1

101. Our tour guide repeatedly asked us to be very quiet while we _____ the beautifully land-scaped 15-acre property.
(A) tour
(B) toured
(C) were touring
(D) will tour

102. It is absolutely essential that people visiting our assembly line _____ a hard hat and other protective gears.
(A) wears
(B) are wearing
(C) wear
(D) to wear

103. Once the job requirements _____, we will decide who to interview for the store manager position.
(A) reviewed
(B) have reviewed
(C) have been reviewed
(D) will have been reviewed

104. As soon as the program _____ successfully installed, all staff members will be allowed to take time off to vote.
(A) will be
(B) has been
(C) was
(D) will have been

105. Melanie, known as the most adventurous woman on the mountain, _____ more by the time she turned twenty-six than most people do in their entire lives.
(A) experienced
(B) has experienced
(C) has been experiencing
(D) had experienced

106. His first novel _____ a big hit in the last year, so he is seriously considering publishing a revised version later this year.
(A) was
(B) has been
(C) had been
(D) be

107. I _____ my smartphone service suspended temporarily in the process of transferring to the branch office in Singapore.
(A) have
(B) had
(C) has
(D) has to have

108. By the time I finish writing this comedy, I _____ four comedies on SBC for the upcoming 2016-7 season.
(A) will create
(B) am creating
(C) have created
(D) will have created

109. The recipient will be able to withdraw this money from the account if the authorization _____ complete.
(A) was
(B) had been
(C) will be
(D) is

110. New immigrants from Asia and Latin America _____ cultural diversity to the American population in recent decades.
(A) add
(B) added
(C) have added
(D) had added

Practice Test 2

101. It is necessary that every company _____ into consideration the national security of each country for its overseas investment.
(A) take
(B) takes
(C) took
(D) taken

102. Additional board meeting _____ last month to conduct the business of the board at the call of the chair.
(A) has convened
(B) is convened
(C) is convening
(D) was convened

103. The annual report of the College Store Association showed that college textbook prices _____ faster than inflation.
(A) increased
(B) have increased
(C) had increased
(D) are increasing

104. By the time Chris returned from the work, he found that someone _____ to break into his SUV parked in his backyard.
(A) tries
(B) tried
(C) has tried
(D) had tried

105. Professor Ellis will arrange to have an interview with the student as she _____ a letter of recommendation for her.
(A) writes
(B) will write
(C) has written
(D) write

106. To help students recognize their inner beauty, the local university _____ a humanity contest every year since 2015.
(A) host
(B) hosts
(C) will host
(D) has hosted

107. The country is experiencing an unprecedented demographic transition, the impact of which _____ significantly by sector.
(A) will vary
(B) vary
(C) varied
(D) have varied

108. It's a privilege, without doubt, that I _____ here with such talented people for three years by next week.
(A) have been working
(B) will work
(C) have worked
(D) will have worked

109. Once your business has started, you _____, sooner or later, the challenge of making it grow.
(A) face
(B) will face
(C) will have faced
(D) have faced

110. We _____ our business to accommodate a growing demand for a range of organic products in the last year.
(A) expanded
(B) have expanded
(C) will have expanded
(D) were expanding

MEMO

Chapter 3

수동태

- 여러 가지 수동태
- 주의해야 할 수동태 표현
- Practice Test

1. 여러 가지 수동태

TOEIC 포인트 9   수동태의 기본 구조는 be + 과거 분사이며 동사의 종류에 따라 특징을 가진다.

구분	3형식	4형식	5형식
기본 구조	주어 + be + p.p.	주어 + be + p.p. + 목적어	주어 + be + p.p. + 목적격 보어
예문	The car was fixed.	He was given the book.	He was allowed to go.

1 3형식(주어 + 동사 + 목적어) 문장의 수동태

- 현재: She always invites him to the party. → He is always invited to the party by her.
- 과거: She mailed the package. → The package was mailed by her.
- 현재완료: She has written the book. → The book has been written by her.

2 4형식(주어 + 동사 + 간접 목적어 + 직접 목적어) 문장의 수동태 ☞ p. 13 참고

- He gave me the book.
 → I was given the book. (간접 목적어를 주어로 할 때: be + p.p. 다음에 직접 목적어가 쓰임)
 → The book was given to me by him. (직접 목적어를 주어로 할 때: be + p.p. 다음에 전치사 + 간접 목적어가 쓰임)

3 5형식(주어 + 동사 + 목적어 + 목적격 보어) 문장의 수동태 ☞ p. 14 참고

- They asked him to do it again. → He was asked to do it again.
- They considered it a big success. → It was considered a big success.

> ❖ 5형식 능동태에서 목적격 보어로 쓰인 원형부정사는 수동태에서 to부정사로 바뀐다.
>
> We saw him cross the road. → He was seen to cross the road.

📢 Sample Question 1

1. People say that he was made _____ independent by his parents.
   (A) grow   (B) growing   (C) be grown   (D) to grow

2. Jane Peter, the late NASA scientist and astronaut, was _____ the Space Achievement Award last night.
   (A) granting   (B) to grant   (C) granted   (D) to have granted

3. You are _____ to file an income tax return if your income is above a certain level.
   (A) required   (B) considered   (C) eliminated   (D) composed

> **문제풀이 TIP** be동사 다음에 ~ing(능동태 진행형), p.p.(수동태) 선택은 동사를 파악한 후 결정
>
> - He is _____ another run for mayor.
>   ① considering   ② considered   (3형식의 능동태 진행형 구조)
> - Jeans are not _____ business casual.
>   ① considering   ② considered   (5형식의 수동태 구조)
> - He was _____ the scholarship.
>   ① awarding   ② awarded   (4형식의 수동태 구조)

4 진행형 수동태: **be + being + p.p.**

- The floor is being vacuumed.

5 완료형 수동태: **have + been + p.p.**

- The floor has been vacuumed.

6 준동사의 수동태(to부정사, 동명사, 분사)

- They expect the floor to be cleaned immediately. (to부정사의 수동태: to + be + p.p.)
- Despite being watched by millions of viewers, it is not a good show. (동명사의 수동태: being + p.p.)
- Some fruits are able to continue ripening after being picked. (분사의 수동태: being + p.p.)

📢 Sample Question 2

1. They believe the fire was intentionally set, and the incident _____ as a hate crime.
   (A) was investigating   (B) investigated   (C) will investigate   (D) is being investigated

2. Because the warranty has expired already, we are not _____ to replace your carpet.
   (A) granted   (B) awarded   (C) obligated   (D) considerd

3. Janifer was found to _____ a mistake by her supervisor.
   (A) make   (B) have made   (C) made   (D) had made

2. 주의해야 할 수동태 표현

TOEIC 포인트 10   토익에 자주 출제되는 be + p.p. + 전치사 (by를 쓰지 않는 경우) 구문이 있다.

to	be attached to ~에 부착되다 be assigned to ~에 할당되다 be known to ~에 알려지다 be known for ~로 알려지다 be married to ~와 결혼하다 be engaged to ~와 약혼한 상태이다 be reduced to (크기, 역할 등이) ~로 줄어든 상태가 되다 be entitled to + 명사[동사] ~할 권리를 주다 be devoted to ~에 전념하다 be related to ~에 관련되다	at	be alarmed (frightened / startled / surprised / astounded / amazed) at ~에 놀라다
with	be delighted[pleased] with ~에 즐거워하다 be acquainted with ~을 알다 be occupied with ~에 종사하다 be covered with ~로 덮여있다 be filled with ~로 가득차다 be satisfied with ~에 만족하다 be confused with ~에 대해 혼동하다 be faced with ~를 직면하다 be associated with ~와 관계가 있다 be endowed with ~을 타고나다	in	be interested in ~에 흥미가 있다 be dressed in ~을 입다 be engaged in ~에 종사하다
		of	be reminded of ~가 생각나다 be tired of ~에 싫증나다 be composed of, be made up of ~로 구성되다

- She was once engaged to her cousin.
- He was endowed with an unbelievable talent.
- The room was equipped with air-conditioning.
- They are entitled to cheap train tickets.

🔊 Sample Question 3

1. The new CEO of the company was _____ with an exceedingly quick mind.
   (A) endowed   (B) entitled   (C) engaged   (D) startled

2. People who are 65 or older are _____ to Medicare coverage.
   (A) satisfied   (B) engaged   (C) entitled   (D) caught

3. The company has been interested _____ the subject in the last two decades.
   (A) with   (B) in   (C) to   (D) by

Practice Test

101. The prize _____ annually for the most distinguished children's book published in the previous year.
    (A) awards
    (B) is awarding
    (C) is awarded
    (D) will award

102. Surprisingly enough, Sharon _____ unanimously to be the head of the new public relations department.
    (A) chooses
    (B) chose
    (C) has chosen
    (D) was chosen

103. Birmingham Art Gallery is _____ a special event dedicated to the late Carson Miller, who used dotting in his works.
    (A) hosting
    (B) awarded
    (C) granting
    (D) provided

104. Not only was he surprised at the price increase, but he was also _____ at the poor maintenance of the greens and fairways.
    (A) baffled
    (B) pleased
    (C) engaged
    (D) composed

105. You are lucky to _____ those benefits, as the new policy took effect just a week before your employment was confirmed.
    (A) be received
    (B) will receive
    (C) be receiving
    (D) received

106. If your homepage on the web is poorly designed, you won't ever _____ seriously by your potential customers.
    (A) take
    (B) being taken
    (C) be taken
    (D) taken

107. It is said that instead of _____ into a nearby river, sewage is sent to a giant tank where the water is purified.
    (A) being dumped
    (B) dumping
    (C) being dumping
    (D) dumps

108. Jason _____ a hot deal by Crag Hanzer, the new CEO of Uber, under the promise of canceling the iron-bound conditions.
    (A) was offered
    (B) offered
    (C) was offering
    (D) have offered

109. Although you were highly recommended and we _____ to contact you, you were unable to provide a satisfactory answer we needed.
    (A) advised
    (B) were advised
    (C) have advised
    (D) are advising

110. The law firm representing alleged victims was found _____ false claims about the accident by a local newspaper reporter.
    (A) to be made
    (B) making
    (C) to have made
    (D) to make

MEMO

Chapter 4

관계대명사

- 관계대명사의 종류
- 관계대명사의 생략과 계속적 용법
- Practice Test

1. 관계대명사의 종류

TOEIC 포인트 11   관계대명사절과 명사절의 차이를 이해해야 한다.

1 관계대명사절과 명사절의 차이

예문	문장 구조의 특징	구분
We are awaiting verification that is an essential step to launching a new model.	선행사 + 주격 관계대명사 + 동사	관계대명사절 (형용사절)
We are awaiting verification that we asked for a week ago.	선행사 + 목적격 관계대명사 + 주어 + 동사	
We are awaiting verification that our new design meets legal specifications.	명사 + 동격의 명사절 that + 완전한 문장	명사절
We believe that their financial condition is strong.	동사 + 목적절 that + 완전한 문장	
It is true that he was not there alone.	형용사 + 목적절 that + 완전한 문장	

2 주격 관계대명사: who, which

" 선행사가 사람일 때: I have a friend who speaks English very well.
" 선행사가 사람이 아닐 때: He has a book which is very expensive.

3 목적격 관계대명사: whom, which

" 선행사가 사람일 때: She is the girl whom I met in the bus yesterday.
" 선행사가 사람이 아닐 때: This is the book which he gave me yesterday.

> ✥ 관계대명사 that은 선행사가 사람이거나 사물일 때 모두 쓰인다.

📢 Sample Question 1

1. Passengers _____ wish to have vegetarian meals will have to notify flight attendants before takeoff.
   (A) who   (B) whom   (C) whose   (D) which

2. Please refer to the attached agenda of tomorrow's seminar _____ you asked for.
   (A) then   (B) that   (C) what   (D) when

3. The problem arises principally from the economic situation _____ we have faced since 1998.
   (A) which   (B) when   (C) how   (D) why

❖ 전치사의 목적격 관계대명사란?

The restaurant is closed. We usually go to the restaurant.

→ The restaurant which we usually go to is closed.

❖ 전치사는 관계대명사 앞에 둘 수 있다. (이 경우 관계대명사는 생략할 수 없다.)

The restaurant to which we usually go is closed.

4. 소유격 관계대명사는 다음과 같이 3가지 형태가 있다.

예문	문장 구조의 특징
He stayed at a hotel. + He can't remember its name. → He stayed at a hotel whose name he can't remember.	선행사 + **whose** + 명사
He stayed at a hotel. + He can't remember the name of the hotel. → He stayed at a hotel of which the name he can't remember.	선행사 + **of which** + the 명사
He stayed at a hotel. + He can't remember the name of the hotel. → He stayed at a hotel the name of which he can't remember.	선행사 + **the** 명사 + **of which**

5. 관계대명사 what(= 선행사 + 관계대명사)

구분	예문
주격	I don't like the thing. + The thing is going on. → I don't like what is going on.
목적격	I don't like the thing. + He has done the thing. → I don't like what he has done.
전치사의 목적격	I don't like the thing. + He is looking at the thing. → I don't like what he is looking at.

📢 **Sample Question 2**

1. They have advertised a position for a personnel director _____ professional goals are compatible with their mid and long-term plans.
   (A) of which (B) that (C) who (D) whose

2. Fila Sporting Goods is a company _____ quality is trusted by millions of customers.
   (A) which (B) their (C) whose (D) that

3. There is no point in complaining about _____ is unavoidable.
   (A) that (B) what (C) which (D) whose

2. 관계대명사의 생략과 계속적 용법

1 관계대명사의 생략

① 목적격 관계대명사는 생략할 수 있으며 이 경우 전치사는 본래 위치로 간다.
  She is the girl (whom) I met in the bus yesterday.
  The restaurant to which we usually go is closed.
  → The restaurant we usually go to is closed.

> ❖ 관계대명사 that 앞에는 전치사를 쓸 수 없다.
>
> Literature is a suject about (that) which I know little.

② 주격 관계대명사 + be동사는 생략할 수 있다.
  The street was crowded with people (who were) trying to get to work.
  There are many cars (which are) parked in front of the building

2 계속적 용법의 관계대명사: 선행사와 계속적 용법의 관계대명사 사이에 comma(,)가 있다.

  ❝ Mr. Clark, who had no acquaintances there, had to stay the night at a hotel.

문제풀이 TIP 토익에 자주 출제되는 계속적 용법의 관계대명사 유형: many of which, none of which 등

- Hanson used to write down his ideas in form of brief sketches, _____ was intended for publication.
  ① none of which   ② that   (계속적 용법에서는 that이 쓰이지 않는다.)

📢 Sample Question 3

1. There were dozens of post boxes, _____ were empty.
   (A) that   (B) some of that   (C) most of which   (D) whose

2. Please indicate the extent _____ you agree or disagree with the following statements.
   (A) to which   (B) which   (C) that   (D) whose

3. We would like to welcome Dr. Smith, _____ made an excellent contribution by opening a branch office in Asia.
   (A) who   (B) which   (C) when   (D) that

Practice Test

101. Those _____ have made contributions to the development of public schools can be the candidate for the award.
    (A) who
    (B) which
    (C) whose
    (D) what

102. Steven Spielberg is the American director _____ films enjoyed both commercial and critical success.
    (A) that
    (B) which
    (C) whose
    (D) what

103. The presentation stage of the PPP model is the first phase during _____ the teacher extracts the required language forms.
    (A) whom
    (B) which
    (C) whose
    (D) it

104. We expected to have five job interviews, two of _____ were cancelled because the applicants didn't show up for the interview.
    (A) who
    (B) whom
    (C) them
    (D) which

105. PG Electronics launched a new project to adapt to a technology landscape _____ by mobile and other connected hardware.
    (A) which dominates
    (B) dominated
    (C) is dominated
    (D) has dominated

106. If an item _____ purchased in our store is defective, they can return it with a receipt valid within 30 days of purchase.
    (A) they
    (B) them
    (C) who
    (D) which

107. A conference hall _____ seating capacity is about three hundred was booked for the annual board meeting.
    (A) its
    (B) which
    (C) whose
    (D) that

108. The French restaurant _____ we are looking for is temporarily closed due to remodeling.
    (A) what
    (B) which
    (C) where
    (D) whose

109. The horrifying attack on the Manchester Arena last night left 22 people dead and hundreds injured, _____ were children.
    (A) which
    (B) some of who
    (C) many of whom
    (D) those

110. Referees in international matches shall wear a blazer the color of _____ is distinct from the colors worn by the contesting teams.
    (A) which
    (B) whose
    (C) that
    (D) those

MEMO

Chapter 5

분사

- 현재분사와 과거분사
- 분사구문
- Practice Test 1
- Practice Test 2

1. 현재분사와 과거분사

> **TOEIC 포인트 12** 현재분사와 과거분사의 쓰임을 이해하기 위해서는 동사가 자동사인지 타동사인지 먼저 파악해야 한다.

1 현재분사의 쓰임

① 진행형에 쓰인다.
   Leaves are falling.

② 자동사의 현재분사는 진행, 예정을 뜻한다.
   Leaves are falling. → falling leaves (진행: 떨어지는 나뭇잎)

③ 타동사의 현재분사는 수식되는 명사와 능동의 관계를 뜻한다.
   The news surprised people. → surprising news (놀라운 소식)

2 과거분사의 쓰임

① 수동형에 쓰인다. (타동사)
   Many people were surprised at the news.

② 완료형에 쓰인다.
   They have recently completed the construction.

③ 자동사의 과거분사는 완료를 뜻한다.
   Leaves have fallen. → fallen leaves (완료: 떨어진 나뭇잎, 낙엽)

④ 타동사의 과거분사는 수식되는 명사와 수동의 관계이다.
   The news surprised people. → surprised people (놀란 사람들)

📢 Sample Question 1

1. Sign up to receive notification when _____ new auto show content becomes available.
   (A) exciting   (B) excited   (C) being excited   (D) to be excited

2. Political decisions are inherently moral decisions that must be supported by _____ evidence.
   (A) compelling   (B) compelled   (C) compulsory   (D) compulsion

3. I do not remember any national event _____ so many excited people.
   (A) involving   (B) involved   (C) involves   (D) to be involved

3 토익 빈출 분사 표현

- appointed president 임명된 사장
- challenging job[task] 힘든 직업[임무]
- existing equipment[program, customer] 기존 장비[프로그램, 고객]
- damaged luggage 손상된 짐
- demanding job[position, customer] 까다로운[힘든] 직업[직책, 고객]
- detailed information[instruction, discussion] 꼼꼼한 정보[설명, 토론]
- distinguished[established] scholar 뛰어난 학자
- leading company 일류 회사
- limited time 제한된 시간
- missing child[luggage] 잃어버린 아이[짐]
- injured people 부상당한 사람들
- outstanding debts[balance] 채무 잔고
- outstanding player[achievement, success] 뛰어난 선수[업적, 성공]
- promising[qualified] candidate 유망한[적격의] 후보자
- rewarding experience[career, discussion] 보람있는[유익한] 경험[경력, 토론]
- specialized skill 특화된 기술
- updated manual 최신 메뉴
- written permission 서면 허가
- as recommended[suggested, advised] 권장한 대로[제안받은 대로, 충고대로]
- unless accompanied by ~이 수반[동반]되지 않는다면
- Given that S + V ~임을 감안할 때
- Granted that S + V ~임을 감안하더라도
- Assuming that S + V 가령 ~라면
- Conceding that S + V ~임을 인정하더라도
- Provided that S + V ~라고 한다면 (= Providing that S + V)

📢 Sample Question 2

1. Seahorses, with their _____ and almost magical appearance, are simply a type of fish.
   (A) enchanting   (B) enchanted   (C) enchant   (D) enchants

2. I wanted to share my _____ experience with all the people who were capable of helping others.
   (A) reward   (B) rewarding   (C) rewarded   (D) rewardingly

3. QenFuel has been a _____ independent global supplier of aviation fuel for 17 years.
   (A) led   (B) leads   (C) leading   (D) leader

2. 분사구문

> **TOEIC 포인트 13** 분사는 동사처럼 완료시제, 수동태의 구조가 가능하므로 완료형 분사구문과 수동형 분사구문에 대한 이해가 중요하다.

1 부사절을 분사구문으로 바꾸는 방법

* ~~After he~~ finished his lecture, he went out for a walk.
→ Finishing his lecture, he went out for a walk.

① 부사절의 접속사를 생략한다. (접속사를 생략하지 않기도 한다.)

② 부사절의 주어와 주절의 주어가 동일할 경우에 부사절의 주어를 생략한다.
 (부사절의 주어와 주절의 주어가 다른 경우에는 부사절의 주어를 생략하지 않는다.)

③ 부사절의 동사를 현재분사로 바꾼다.

2 분사구문의 형태

문장구조	예문
~ing 구문, 주절	시간(~한 후, 할 때), 이유(~하므로), 조건(~한다면), 양보(~하지만) Finishing his lecture, he went out for a walk. (= After he finished his lecture ~,)
주어, ~ing 구문, 동사	주어에 대해 부수적 설명의 기능을 가질 때 The man, feeling cold, asked me to turn on the heating. (= The man, as he felt cold, asked me ~)
주절, ~ing 구문	연속동작을 나타낼 때 He ran down to the bus stop, arriving just in time for the last bus. (= He ran down to the bus stop and arrived just in time ~)

📢 Sample Question 3

1. After _____ a vehicle, they have to wait for a month to obtain the permit.
   (A) buying   (B) bought   (C) being buying   (D) to buy

2. _____ widely, the flyer will attract and retain more customers.
   (A) Distributing   (B) With distribution   (C) When distributing   (D) Distributed

3. Once _____, the restaurant will attract more customers.
   (A) relocating   (B) relocated   (C) relocation   (D) to be relocated

3 분사구문의 부정: 분사 앞에 **not** 또는 **never**를 붙인다.

* Not having enough money, I couldn't enjoy shopping. (나는 돈이 많지 않아서 쇼핑을 즐길 수 없었다.)

4 완료분사구문: having + 과거분사 (완료 분사구문은 주절의 시제보다 앞선 시제를 나타낸다.)

* Having read the newspaper, I knew about the accident. (= As I had read the newspaper, ~)
* Having been written in haste, the book has many typos. (= As it had been written in haste, ~)

5 묘사적인 부대상황: with + 목적어 + -ing / (being) p.p. / (being) 형용사(구), 부사구

각기 다른 두 개의 문장이 부대상황인 경우 이를 묘사적으로 표현할 때 이 형식을 취한다.

* He can't speak. His mouth is full. → He can't speak with his mouth (being) full.
  (상태를 나타내는 뒷 문장의 주어가 with의 목적어로 쓰인 것에 주의.)
* He was sitting on the sofa with a pipe (being) in his mouth. (그는 파이프를 문 채 소파에 앉아 있었다.)
* My sister often sleeps with one eye (being) open. (내 누이는 종종 한 눈을 뜬 채 잠을 잔다.)
* He was buried with his body (being) wrapped in an American flag. (그는 성조기에 몸을 감싼 채 매장되었다.)

6 독립분사구문: 분사구문의 의미상 주어와 주절의 주어가 다른 경우 분사 앞에 주어를 밝혀 준다.

* The weather being fine, they went fishing. (= As the weather was fine, they ~.)
* There being nothing to do, she went to the movies. (= Because there was nothing to do, she ~.)

7 Being과 Having been의 생략

* Being written in an easy style, the novel has many readers.
  → Written in an easy style, the novel has many readers.

> 📢 **Sample Question 4**

1. They are required to commit to a carbohydrate diet _____ training for the race.
   (A) when   (B) as   (C) at   (D) that

2. Unless otherwise _____, all income is subject to tax.
   (A) excluding   (B) exclusive (C) excluded (D) to exclude

3. No child shall be allowed out of the school during the day, unless _____ an adult.
   (A) they accompany   (B) they are accompaning
   (C) they are accompanied   (D) accompanied by

Practice Test 1

101. _____ a strong advocate of environmental protection, Ms. Jana was willing to refuse to accept jobs offered by many chemical firms.
(A) Once having
(B) Have once being
(C) Having once been
(D) Being once

102. _____ Jana is an internationally renowned expert, I think we may trust her professional advice on anti-aging.
(A) Granted that
(B) When
(C) When assumed
(D) Given that

103. People say that Michigan's property tax system is _____ due to a changed property tax calculation formula.
(A) confuse
(B) confusion
(C) confusing
(D) confused

104. Why don't you call the local tourist information center to find out the most _____ tourist attractions?
(A) invitation
(B) inviting
(C) invited
(D) being invited

105. When you make mistakes, don't feel _____ to look for the reasons behind those mistakes.
(A) embarrassed
(B) embarrassing
(C) embarrassment
(D) embarrass

106. _____ from a salmon cannery in Alaska, Hillary Clinton headed to Yale to attend its prestigious law school.
(A) Firing
(B) Fires
(C) Being firing
(D) Being fired

107. Vacation plans _____ to HR department may be denied to ensure coverage in the office during the holidays.
(A) submit
(B) submitted
(C) submitting
(D) is submitted

108. Students who participate in volunteering opportunities will soon find the volunteer work _____.
(A) being rewarded
(B) reward
(C) rewarded
(D) rewarding

109. We are pleased to invite you to visit our website if you're an _____ customer and looking for support around retirement.
(A) exist
(B) existing
(C) existed
(D) existence

110. He began playing the piano at age 10, _____ the styles of the musicians that traveled through the area.
(A) copying
(B) copied
(C) being copied
(D) was copying

Practice Test 2

101. Based on the number of defects discovered during each round of inspection process, we can estimate the number of defects still _____ in the product.
    (A) remained
    (B) to remain
    (C) remain
    (D) remaining

102. With the ceremony _____, the organizing committee is busy finalizing the last details.
    (A) approaching
    (B) approached
    (C) approaches
    (D) to approach

103. Renowned journalist and media entrepreneur Steven Morris published a book in April _____ a combination of quotes from interviews with various media outlets.
    (A) feature
    (B) features
    (C) featuring
    (D) featured

104. Multilingual Database allows users to translate a word or expression into _____ languages simultaneously.
    (A) multiples
    (B) multiplied
    (C) multiple
    (D) multiplling

105. The opening of a liaison office in Shanghai was cited as an _____ outcome of the business merger.
    (A) anticipating
    (B) anticipated
    (C) anticipation
    (D) anticipates

106. He reported, citing industry executives, that China was considering easing proposed quotas _____ at producing more electric vehicles.
    (A) aimed
    (B) aim
    (C) have aimed
    (D) aims

107. Please read an important announcement regarding the _____ registration fee for the the test to be held after March 1st 2017.
    (A) revising
    (B) revised
    (C) revisable
    (D) revisory

108. Any disregard of the officially scheduled activities will be deemed a violation of the rules _____ the use of facilities.
    (A) govern
    (B) to govern
    (C) governed
    (D) governing

109. The revised report contains clear and _____ instructions on constructing a tactile sensor using transparent silicone rubber.
    (A) detail
    (B) details
    (C) detailing
    (D) detailed

110. According to the report, the situation was caused by extraordinary effects _____ with the company's strategic alignment in the Chinese market.
    (A) associating
    (B) associated
    (C) to associate
    (D) in associating

MEMO

Chapter 6

to부정사와 동명사

- to부정사와 동명사의 성격
- to부정사와 동명사의 관용 표현
- Practice Test

1. to부정사와 동명사의 성격

TOEIC 포인트 14 to부정사와 동명사는 준동사로서 동사의 성격과 명사의 성격을 가지고 있다.

1 명사적 성격: 문장에서 주어나 보어, 목적어 역할을 한다.

① 주어, 주격 보어로 쓰인다.
   To complete the construction is difficult. (주어로 쓰인 to부정사)
   Studying online is very convenient. (주어로 쓰인 동명사)
   The purpose of today's meeting is to discuss the issue. (주격 보어로 쓰인 to부정사)
   What I like is travelling to other countries. (주격 보어로 쓰인 동명사)

② 3형식 동사의 목적어로 쓰인다.
   She tried to tell him the truth, but she couldn't bring herself to do it. (목적어로 쓰인 to부정사)
   She didn't mind being in the night air. (목적어로 쓰인 동명사)

③ to부정사는 5형식 동사의 목적격 보어로 쓰인다. ☞ p. 14 참고

> ❖ 동명사를 목적어로 취하는 동사
>
> delay, advise, allow, avoid, begin, can't stand, celebrate, deny, deserve, dislike, enjoy, forget, imagine, love, mention, neglect, postpone, prevent, prohibit, regret, remember, risk, start, support, tolerate, like, appreciate, can't bear, can't help, complete, consider, detest, discuss, escape, finish, hate, mind, practice, prefer, recall, resent, resist, stop, try, understand

" They delayed leaving.
" He advised going to college. (5형식에서는 to부정사를 쓴다.)
" They allowed smoking outside. (5형식에서는 to부정사를 쓴다.)
" He began talking immediately. (to부정사를 목적어로 써도 의미 차이가 없다.)
" He can't stand waiting.

📢 Sample Question 1

1. The committee suggested _____ the northbound bus stop just to the south of its existing location.
   (A) to relocate   (B) to be relocated   (C) relocating   (D) to be relocating

2. I would like _____ for a part-time job as a tour leader during my summer holidays.
   (A) to apply   (B) applying   (C) application   (D) applied

3. _____ a donation, simply select the amount you wish to contribute below.
   (A) Making   (B) Made   (C) To have made   (D) To make

- He denied stealing it.
- He deserves being in jail.
- I forgot turning the light off. (to부정사를 목적어로 쓸 경우 의미가 다르다.)
- We love going on vacation. (to부정사를 목적어로 써도 의미 차이가 없다.)
- He mentioned having dogs.
- I neglected doing my work. (to부정사를 목적어로 써도 의미 차이가 없다.)
- A polio vaccine prevents getting polio.
- They prohibit parking here.
- I regret not being there. (to부정사를 목적어로 써도 의미 차이가 없다.)
- I remember hearing it. (to부정사를 목적어로 쓸 경우 의미가 다르다.)
- He risked losing everything.
- We started taking walks. (to부정사를 목적어로 써도 의미 차이가 없다.)
- We don't tolerate cheating.
- I like learning languages. (to부정사를 목적어로 써도 의미 차이가 없다.)
- She appreciates having help.
- She detests exercising.
- He escaped getting married.
- She hates being alone. (to부정사를 목적어로 써도 의미 차이가 없다.)
- Do you mind my smoking there?
- We prefer eating early. (to부정사를 목적어로 써도 의미 차이가 없다.)
- He resents being left alone.
- I resist eating too much.
- He stopped smoking. (to부정사를 목적어로 쓸 경우 의미가 다르다.)
- He suggested chewing gum.
- We tried eating snails. (to부정사를 목적어로 쓸 경우 의미가 다르다.)

Sample Question 2

1. It enabled us _____ a wider array of dishes for our customers to choose from.
   (A) offer (B) to be offered (C) to offer (D) offering

2. As they couldn't ignore her repeated requests, they gave up _____ the new cooling system.
   (A) develope (B) to develop (C) developing (D) being developed

3. They have to submit their annual reports before _____ with the president.
   (A) interview (B) interviewed (C) interviews (D) interviewing

2 동사적 성격

① to부정사와 동명사는 시제를 가진다.

완료 부정사(**to have p.p.**), 완료 동명사(**having p.p.**)는 문장의 시제보다 앞선 사실을 나타낸다.

He seems to be a very fragile person psychologically.
(= It seems that he is a very fragile person psychologically.)
He seems to have been a very fragile person psychologically.
(= It seems that he was a very fragile person psychologically.)
He seemed to be a very fragile person psychologically.
(= It seemed that he was a very fragile person psychologically.)
He seemed to have been a very fragile person psychologically.
(= It seemed that he had been a very fragile person psychologically.)
I am proud of working for the company.
(= I am proud that I work for the company.)
I am proud of having worked for the company.
(= I am proud that I worked for the company.)
I was proud of working for the company.
(= I was proud that I worked for the company.)
I was proud of having worked for the company.
(= I was proud that I had worked for the company.)

② to부정사와 동명사는 태를 가진다.

수동 부정사 구조(**to + be + p.p.**), 수동 동명사 구조(**being + p.p.**)를 이해해야 한다.

I expect her to complete the work in one month. (나는 그녀가 그 일을 한 달 만에 끝내길 기대한다.)
I expect the work to be completed in one month. (나는 그 일이 한 달 만에 끝나기를 기대한다.)

📢 Sample Question 3

1. Robert scanned the lobby quickly, in search of a comfortable place _____ for a while.
   (A) sitting   (B) to seat   (C) to sit   (D) be seated

2. His landlord seemed _____ the lock on the door this morning.
   (A) to be fixing   (B) to be fixed   (C) that he fixed   (D) that he was fixing

3. The fire at an Alcoco bar last week seems _____ either in the ceiling or on the main floor.
   (A) to start   (B) to have started (C) to be starting (D) starting

③ to부정사와 동명사는 목적어, 보어를 가질 수 있다.

　　The purpose of today's meeting is to discuss the issue. (the issue는 to discuss의 목적어)
　　She has built herself a reputation for being late. (late는 보어)

④ to부정사와 동명사는 부사의 수식을 받는다.

　　It is necessary to thoroughly review all the terms of this agreement.

3 to부정사의 의미상 주어는 for + 목적격, 동명사의 의미상 주어는 소유격으로 표시한다.

　** In order for us to win, we'll all have to try a little harder.
　** I am looking forward to her returning home.

4 to부정사는 명사를 수식하는 형용사구 역할을 한다. ☞ p. 18 참고

5 to부정사의 부사적 용법: 완성된 문장 뒤에 쓰여 목적, 원인 등을 나타낸다.

① 목적: Susan has worked hard to deal with her dyslexia. (~하기 위하여)

② 원인: I am so glad to be back. (감정을 나타내는 동사나 형용사 다음에 쓰임)

③ 조건: I should be so glad to be back. (= I should be very glad if I could be back.)

④ 이유: I must be stupid to think you think I am stupid when you don't. (~하다니 ~하다)

⑤ 결과: About a year ago I awoke to find my phone service wasn't working. (~해서 ~하다)

⑥ 부사의 수식: enough + 명사 + to부정사, 형용사 + enough + to부정사, too + 형용사 + to부정사
　　He had enough money to buy a new one.
　　The structure is strong enough to support the weight.
　　She is much too young to go there alone.

📢 Sample Question 4

1. The facilitator arranged for the report to _____ and stapled before the meeting.
　(A) be duplicated　　(B) duplicated　　(C) duplicate　　(D) being duplicated

2. In order for the assembly line _____ effectively, they will need to hire more employees.
　(A) running　　(B) to run　　(C) will run　　(D) runs

3. We expect more rapid economic growth _____ by the new trade agreement.
　(A) facilitating　　(B) to facilitate　　(C) to have facilitated　　(D) to be facilitated

2. to부정사와 동명사의 관용 표현

1 be + 형용사/전치사 + to부정사 구문

be (un)able to ~할 수 (없)있다   be about to 막 ~하려고 하다   be afraid to ~하는 것을 두려워하다   be apt to ~하기 쉽다   be bound to ~할 의무가 있다   be eager to ~하고 싶어하다   be easy to ~하기 쉽다   be eligible to ~할 자격이 있다   be entitled to ~할 권리가 있다   be qualified to ~할 자격이 있다   be difficult to ~하기 어렵다   be likely to ~하기 쉽다   be liable to ~하기 쉽다   be proud to ~해서 자랑스럽다   be supposed to ~하기로 되어 있다   be sure to 확실히 ~하다   be certain to 확실히 ~하다   be unwilling to ~하는 것을 꺼리다   be ready to ~할 준비가 되다   be willing to 기꺼이 ~하다   be reluctant to ~하기를 주저하다

- The shoulder is apt to be dislocated.
- The trees are ready to grow again.
- She is certain to make her dreams come true.

2 동명사의 관용 표현

on ~ing ~하자마자   it is no use ~ing ~해 봐야 소용없다   there is no ~ing ~하는 것은 불가능하다   cannot help ~ing ~하지 않을 수 없다   it goes without saying that + 주어 + 동사 ~은 말할 필요가 없다   far from ~ing 전혀 ~이 아닌

- I cannot help smoking when I have eaten a lot of food.

문제풀이 TIP   전치사 다음에 동명사를 고르는 유형의 문제가 자주 출제 된다.

- They decided to lower bus fares on serveral routes as a means of _____ more customers.
  ① attracting   ② attractive   (전치사 다음에 동명사)

📢 Sample Question 5

1. The proposed budget cuts were _____ severe to produce a successful marketing campaign.
   (A) too much   (B) much too   (C) so little   (D) too little

2. She has grown up _____ her musical tastes to Broadway.
   (A) expand   (B) expanded   (C) to expand   (D) to be expanded

3. The company auditor suggested _____ a compliance department to monitor daily expenditures.
   (A) that   (B) setting up   (C) to facilitate   (D) to run

Practice Test

101. The effects of the new business tax laws, which are intended _____ local economic growth, may not be seen for years.
    (A) facilitating
    (B) facilitates
    (C) to be facilitated
    (D) to facilitate

102. The goal of the Customer Service Department is _____ all customer complaints in a timely and positive manner.
    (A) to resolve
    (B) resolves
    (C) resolution
    (D) for resolution

103. A number of candidates have been invited _____ for an opening in our branch office in Singapore for the position of Digital Content Specialist.
    (A) applying
    (B) to be applied
    (C) application
    (D) to apply

104. We want to extend our appreciation _____ the time and effort necessary to provide such insightful guidance.
    (A) of taking
    (B) for taking
    (C) being taken
    (D) to take

105. During the meeting, several board members suggested _____ Central Park further west, providing more room for the development.
    (A) to relocate
    (B) relocate
    (C) relocation
    (D) relocating

106. We are very excited _____ the opportunity to revise our manuscript, which we now entitle, "A Study of Competition in the U.S. Freight Railroad Industry."
    (A) to give
    (B) as given
    (C) to have been given
    (D) having given

107. We are in the process of _____ the layout of our entire homepage to make it more appealing to web visitors with a new look.
    (A) redesigns
    (B) redesigning
    (C) redesign
    (D) being redesigned

108. Many of the nurses and doctors in the hospital are truly dedicated to _____ life better for the patients who are not eligible for medicare.
    (A) make
    (B) making
    (C) be making
    (D) be made

109. After the accidental exposure of sensitive data, software developers were asked to _____ follow company security procedures.
    (A) attentive
    (B) be attentive
    (C) more attentively
    (D) being attenive

110. Despite the criticisms, the staff _____ to fight in support of the new policy that they think would be beneficial to everyone.
    (A) continued
    (B) accepted
    (C) kept
    (D) estimated

Chapter 6 to부정사와 동명사

MEMO

Chapter 7

가정법

- 가정법의 종류 (1)
- 가정법의 종류 (2)
- Practice Test

1. 가정법의 종류 (1)

> **TOEIC 포인트 15** 가정법과 조건문의 차이, 가정문의 시제에 따른 문장 구조를 익혀야 한다.

1 가정법이란? 말하는 사람의 마음 속에 떠오르는 가정, 의심, 소원, 주장 등을 나타내는 표현법으로 실제 사실과는 반대로 표현하는 것이다. 조건문과의 차이를 이해하여야 한다.

가정법: I would be glad if he came here. (그는 여기에 올 수 없는 것이 사실이고, 이 사실을 반대로 말해서 그가 여기에 올 수만 있다면 얼마나 좋을까의 의미)

조건문: I will be glad if he comes here. (그가 올지 못 올지 결정된 바 없으니 올 수도 있고 못 올 수도 있는 상황에서 그가 여기에 오면 좋지라는 의미)

2 가정법 과거: 현재 사실의 반대 (해석은 현재로 한다.)

구조	If + 주어 + 동사의 과거형 ~, 주어 + 조동사의 과거형(would 등) + 동사원형
예문	If I knew his address, I could write a letter to him.

현재의 사실은 As I don't know his address, I can't write a letter to him.(내가 그의 주소를 몰라서 그에게 편지를 못 쓴다.)이고 이 문장을 가정법으로 표현하면 '내가 그의 주소를 안다면 그에게 편지를 쓸 텐데'가 된다. If절 속에 동사의 과거형이 보이고 주절에 조동사의 과거형이 있으면 가정법 과거 문장이다.

> ✤ 조건절에 be동사가 쓰일 경우 인칭과 수에 관계없이 were를 쓴다.
>
> If he were not sick, he could come to the party. (= He is sick, so he can't come to the party.)

📢 Sample Question 1

1. If the equipment accidentally _____, it will stop working temporarily.
   (A) overheats (B) will overheat (C) overheated (D) had overheated

2. If free public transport were available, people _____ their cars less frequently.
   (A) use (B) would use (C) used (D) were using

3. How do you think Steve would react to this if he _____ in my position?
   (A) is (B) was (C) were (D) will be

3 가정법 과거완료: 과거 사실의 반대 (해석은 과거로 한다.)

구조	If + 주어 + **had** + **p.p.** ~, 주어 + 조동사의 과거형(**would** 등) + **have** + **p.p.**
예문	If I had known his address, I could have written a letter to him.

과거의 사실은 As I didn't know his address, I couldn't write a letter to him.(내가 그의 주소를 몰라서 그에게 편지를 못 썼다.)이고 이 문장을 가정법으로 표현하면 '내가 그의 주소를 알았다면 그에게 편지를 썼을 텐데'가 된다. **If**절 속에 과거완료 시제(**had + p.p.**)가 보이고 주절에 조동사의 과거형 + **have + p.p.**가 있으면 가정법 과거완료 문장이다.

4 가정법 미래: 미래의 일에 대한 강한 의심 (혹시 ~하다면)

구조	If + 주어 + **should** + 동사원형, 주어 + 조동사 + 동사원형 ~ (또는 명령문)
예문	If I should fail, I will try again and do it right next time. If anyone should call on me, tell him I am not here.

❖ 가정법 미래의 주절은 미래 시제 또는 명령문이 주로 쓰인다.

5 혼합 가정문: If + 주어 + **had** + **p.p.** ~, 주어 + 조동사의 과거형(**could, would** 등) + 동사원형 ~

대개 조건절이 과거 사실의 반대, 주절이 현재 사실일 때 이를 반대로 가정하면 '(그때) ~했더라면 (지금) ~할 텐데'가 된다. 주로 **if**절은 가정법 과거완료 시제, 주절은 가정법 과거 시제의 형태가 많다.

∗∗ If he had taken my advice two years ago, he would be much richer now.

📢 Sample Question 2

1. _____ it rain or snow tomorrow, the reception will be held indoors instead of Central Park.
   (A) If   (B) Will   (C) Were   (D) Should

2. If the problem had been solved earlier, we _____ the work on time.
   (A) will finish   (B) had finished   (C) finish   (D) could have finished

3. If they had worked on the project together, they _____ in any trouble now.
   (A) are not   (B) were not   (C) would not be   (D) would not have been

2. 가정법의 종류 (2)

1 wish 가정법

> wish + 가정법 과거: 문장의 시제와 사실의 시제가 동일할 때
> wish + 가정법 과거완료: 문장의 시제보다 사실의 시제가 앞설 때

" I am sorry it is not true. → I wish it were true.
" I am sorry it was not true. → I wish it had been true.

2 if 생략과 도치: 가정법 미래와 과거완료 시제에서 접속사 if를 생략할 경우, 문장이 도치된다.

" Should I fail, I will try again and do it right next time. (= If I should fail, ~)
" Had I known his address, I could have visited him. (= If I had known his address, ~)

> ✧ 가정법 과거는 도치시키지 않으나 were가 쓰인 문장은 도치할 수 있다.
>
> If he were my client, I would not recommend him the car. → Were he my client, ~

3 수, 인칭에 관계없이 that절 속에 (should) + 동사원형을 쓰는 경우 (이루어져야 한다는 바람을 담은 지시적 상황)

동사: ask, demand, request, require, order, advise, recommend, mandate, propose, suggest

형용사: important, desirable, essential, vital, imperative

They advised that he not return to work. (부정문의 경우 do not으로 쓰지 않고 not만 쓴다.)
It was desirable (that) she go to a school where French was taught.

> ✧ that절에 과거시제를 쓰면 사실을 서술하는 것이므로 가정적 의미가 없다.
>
> She insisted that he be present. = She wanted him to be there. (바람을 담은 지시)
> She insisted that he was present. = She knew that he really was there. (사실에 대한 서술)

> 🔊 **Sample Question 3**

1. _____ the missing parts not been delivered on time, they might have been two days behind schedule.

   (A) Had   (B) Because   (C) If   (D) Have

2. _____ you need any further information, please do not hesitate to contact me.

   (A) Had   (B) In   (C) Should   (D) Because

3. Had negotiations not broken off at the last minute, the company _____ with a larger one.

   (A) had merged   (B) should merge   (C) has merged   (D) would have merged

66

Practice Test

101. He also suggested to the board that a business manager _____ immediately to help things run more smoothly and efficiently.
    (A) would hire
    (B) will hire
    (C) hires
    (D) be hired

102. It turns out that Donald Gates _____ even richer now if he'd done nothing or had just invested his inherited wealth in index funds since 2009.
    (A) would actually be
    (B) actually would have been
    (C) actually is
    (D) will actually be

103. If I had started planning the project earlier, I _____ more time I need to develop it more thoroughly now.
    (A) had
    (B) will have
    (C) would have
    (D) would have had

104. _____ you change your schedule, you can cancel your flight reservation online up to 3 hours after the booking was made.
    (A) Had
    (B) Could
    (C) For
    (D) Should

105. I _____ far harder for the Chinese Proficiency Test when I was in college to find a job in the global new market.
    (A) should have studied
    (B) had studied
    (C) studied
    (D) could study

106. If the government _____ a high tax on luxury cars, consumers will be restrained from buying them.
    (A) has placed
    (B) had placed
    (C) placed
    (D) places

107. Ms. Karen's maintenance team may work at the exhibit booth this weekend _____ additional staff be requested.
    (A) if
    (B) had
    (C) should
    (D) when

108. If the flight _____ on time, there would not have been any problem catching our connecting flight to Edinburgh.
    (A) left
    (B) had left
    (C) leaves
    (D) has left

109. _____ the support of volunteers, the event involving a very high degree of stress and anxiety would not have been possible.
    (A) Without
    (B) But
    (C) Once
    (D) Unless

110. If it hadn't been for his careful arrangement, the unexpectedly well-attended party _____ a dreadful failure.
    (A) has been
    (B) was
    (C) would have been
    (D) would be

Chapter 7 가정법

MEMO

Chapter 8

명사와 대명사

- 명사
- 대명사
- Practice Test 1
- Practice Test 2

1. 명사

> **TOEIC 포인트 16** 명사 관련 문제에서 의외로 오답이 많이 나온다. 명사 + 명사형의 복합명사 빈출 단어를 익혀야 하며, 명사의 속성에 대해서도 유의하여야 한다.

1 명사 자리: (관사 / 소유격) + (부사) + 형용사 + 명사

" People were shocked at <u>her awfully amazing</u> decision. (그녀의 정말 놀라운 결정에 사람들이 충격을 받았다.)

> **문제풀이 TIP** 소유격 다음에 명사, 명사 앞에 소유격, 명사 앞에 형용사를 찾는 문제가 자주 출제된다.
> - Her husband is proud of her ____.
>   ① accomplish   ② accomplishments   (소유격 뒤 명사 자리)
> - The company has to stop blaming ____ employees for their lack of confidence.
>   ① its   ② it's   (명사 앞 소유격 자리: the company's → its)
> - We will review your plan to determine how ____ changes in the law affect you now.
>   ① recent   ② recently   (명사 changes 앞 형용사 자리)

2 복합명사: 두 개 이상의 명사가 하나의 명사처럼 쓰이는 경우

saving plan 예금 제도   baggage allowance 수하물 중량 제한   keynote address 기조 연설   consumer trend 소비자 트렌드   retirement party 은퇴식   bank transaction 은행 거래   training session 교육 기관   job opening 일자리   contingency plan 긴급 사태 대비책   wholesale trade 도매업   retail outlet 소매업   office supplies 사무용품   product availability[launch, developer] 상품 입수 가능성[제품 출시, 제품 개발자]   security account 보안 계정   travel arrangement[expenses, itinerary] 여행 준비[경비, 일정]   workplace safety 작업장 안전   safety standards[gear, regulations, guidelines, directives, precautions] 안전 기준[장치, 규정, 지침, 수칙, 예방책]   employee productivity 직원 생산성   account information 계정 정보   consumer loan 소비자 대출

📢 Sample Question 1

1. Customer _____ surveys give you the insights you need to make better decisions.
   (A) satisfying   (B) satisfaction   (C) satisfied   (D) satisfies

2. They asked for _____ of all the documents that need to be notarized.
   (A) duplicate   (B) duplicating   (C) duplicates   (D) duplicated

3. His supervisor said that the monthly _____ schedule was well-ordered despite overwhelming opposition.
   (A) produced   (B) production   (C) products   (D) productive

> ❖ 명사 + 명사로 쓰인 복합명사의 복수형은 뒤의 명사를 복수로 쓴다.
>
> saving plan → saving plans
>
> ❖ 앞의 명사를 항상 복수형으로 쓰는 경우
>
> clothes outlet 의류 할인 매장 customs clearance[regulations] 세관 통관[규정] accounts manager 경리 부장, 계정 관리자 billiards player 당구 선수 news editor 뉴스 편집자 earnings figures 수익 금액 sales manager 영업 부장 electronics company 전자 회사 awards ceremony 시상식

3 불가산 명사: 따로 분리해서 셀 수 없는 물질(substance), 개념(concept)과 관련된 명사

information 정보 advice 조언 consent 동의 equipment 장비 machinery 기계류 access 접근 luggage[baggage] 수하물 clothing 의류 furniture 가구 research 연구 employment 고용 merchandise 상품 negliance 태만, 부주의 money 돈

> ❖ 혼동하기 쉬운 가산·불가산 명사
>
> | 가산 명사 | dollar | view | suitcase | journey | battery | job | report | tip |
> |---|---|---|---|---|---|---|---|---|
> | 불가산 명사 | money | scenery | luggage | travel | electricity | work | information | advice |

4 다른 품사로 혼동하기 쉬운 명사

adhesive 명 접착제 형 들러붙는 alternative 명 대안, 대체 가능한 것 형 대안적인 change 명 변화, 잔돈 동 변화하다 characteristic 명 특징 형 특유의 decline 명 하락, 쇠퇴, 감소 동 감소하다 capful 한 뚜껑의 분량 handful 움큼, 한 줌 spoonful 한 숟가락의 분량 increase 명 증가 동 증가하다 initiative 주도권 objective 명 목적 형 객관적인 original 명 원본 형 원래의 permit 명 허가증 동 허가하다 measure 명 조치 동 측정하다 estimate 명 견적서, 추정 동 추정하다 feature 명 특징 동 특징으로 삼다 periodical 정기 간행물

📢 Sample Question 2

1. A little _____ indicated that the residents were satisfied with the new policy.
   (A) research (B) survey (C) study (D) forum

2. The creative marketing _____ developed by Ms. Joan will be implemented immediately.
   (A) strategical (B) strategic (C) strategy (D) strategically

3. They believe the advanced method can forecast _____ in the market.
   (A) buying trends (B) buy trend (C) buying trend (D) buyings trend

5 직업, 사람을 나타내는 명사: 주로 관사, 소유격 등의 한정사와 함께 쓰이며 복수형으로도 쓰인다.

※ an accountant, the accountant, many accountants

accountant 회계사 applicant 지원자 acquaintance 지인, 아는 사람 associate 동료 attendant 종업원, 승무원 attendee 참석자 authority 권위, 권위자, 당국 candidate 후보자 consultant 상담가, 자문 위원 delegate 대표자 executive (경영) 간부 professional 전문가 participant 참가자 substitue ~대신 (일)하는 사람, 대리자

6 -ing형 명사: 동명사처럼 보이지만 이미 명사로 굳어버려 뒤어 목적어를 가질 수 없으며, 보통 불가산 명사이므로 부정관사를 쓰지 않는다.

advertising 광고, 광고업 accounting 회계 banking 은행 업무 buying 구매 seating 좌석, 자리 opening 개막(식), 공석[빈자리] boarding 기숙, 탑승 findings (주로 복수로 씀. 연구의) 결과(물) funding 재정 지원, 자금 조달 handling (일의) 처리 helping (식사에서 한 번에 먹는) 양, 그릇 hiring 고용 offering (팔기 위한) 상품, 제공하는 물건 marketing 마케팅 pricing 가격 책정 processing 프로세싱, 처리 housing 주택, 주거 planning 기획, 입안 walking 걷기 shipping 운송 testing 시험, 실험 serving 1인분 servicing 사후 정비, 서비스 spending 지출, 비용

> ✣ -ing형 명사 + 명사 형태의 복합명사도 가능하다.
>
> advertising costs 광고비 buying trend 구매 성향 shipping rate 운송료 heating equipment 난방 기구

📢 Sample Question 3

1. Thanks to his careful _____, we could finish the project successfully.
   (A) to plan   (B) planning   (C) the plans   (D) planner

2. Ben discovered his company's _____ was skimming money from the business.
   (A) account   (B) accounts   (C) accountant   (D) accounting

3. No one can deny that safe and efficient material _____ is essential in the workplace.
   (A) handling   (B) handles   (C) handle   (D) handled

2. 대명사

> **TOEIC 포인트 17**   인칭대명사, 소유대명사, 재귀대명사, 지시대명사 관련 문제들이 자주 출제된다.

1 주어 자리에는 주격 인칭대명사, 목적어 자리에는 목적격 인칭대명사를 써야 한다.

　　After long consideration <u>she</u> has finally decided to ignore <u>him</u>.

2 소유격 대명사 + 명사의 구조에서 알맞은 소유격 대명사를 찾는 문제가 많이 출제된다.

　　Most companies have already started reducing <u>their</u> reliance on advertising.

3 소유대명사(~의 것)는 소유격 대명사 + 명사의 의미이므로 명사와 함께 쓰이지 않는다.

　　Fortunately I had helpful guides, but the final decision was <u>mine</u>.

> ❖ <u>명사 + of one's own</u> 구문: 자기 자신의 ~(것)
>
> She decided to resign from the CEO job to pursue <u>a dream of her own</u>.

4 재귀대명사: myself, yourself, himself, herself, itself, ourselves, yourselves, themselves

　① 문장의 주어와 목적어가 동일할 때 목적어 자리에 재귀대명사를 쓴다
　　<u>They</u> gave <u>themselves</u> a 6% tax cut over the last 15 years.

　② 주어 뒤 또는 문장의 끝에 쓰여 강조할 때 '직접, 몸소의' 의미로 쓰인다.
　　The owner <u>himself</u> greeted us with a big smile and seated us by the window.

　③ 재귀대명사 관용구: **by oneself** 혼자서, **of itself** 저절로, **in itself** 그 (본질) 자체로는

📢 Sample Question 4

1. I am relieved that they know how to defend _____ against the lawsuit.
   (A) them　　　(B) they　　　(C) themselves　　　(D) their

2. The company has revised _____ hiring policy recently.
   (A) it　　　(B) it's　　　(C) its　　　(D) itself

3. Since my mother doesn't like to stay idle, she wants to start a business of _____.
   (A) her　　　(B) her own　　　(C) herself　　　(D) itself

5 **those**: 관계대명사절, 분사구, 전치사구 등의 수식을 받는다. (~하는 사람들)

" Those who skip frequently are not healthy.
" Those in favor of the project are beginning to speak out.

6 **one ↔ it**: one(s)은 정해지지 않은 명사를 가리키는 부정대명사, it은 확정된 명사를 지시하는 대명사

" The carpet was replaced with a new one, because it had some defects.

7 **another, the other, the others, others**

another: (언급된 것 외에) 또 다른 하나
the other: (둘 이상 수 중에서) 나머지 하나
the others: (둘 이상 수 중에서) 나머지 전부
others: (수가 정해지지 않은) 다수, (사람을 나타낼 때) 타인

Sample Question 5

1. The decision will be a great relief to _____ looking for fun ways to beat the summer heat.
   (A) those   (B) they   (C) themselves   (D) theirs

2. Why should drivers use _____ turn signals well in advance of a turn?
   (A) their   (B) theirs   (C) themselves   (D) they

3. Each leader of EU countries _____ going to have an economic summit meeting.
   (A) is   (B) are   (C) were   (D) be

74

Practice Test 1

101. _____ is a service provided by a bank that allows its customers to conduct financial transactions remotely using a mobile device.
(A) Mobile bank
(B) Mobile banks
(C) Mobile banking
(D) A mobile banking

102. A recent study reveals that Dr. Bell's newly released program can reduce patient reliance on costly emergency room _____.
(A) visit
(B) visits
(C) visiting
(D) visited

103. In an effort to avoid further _____ in critical business data processing, SORTEK's management board decided to switch to a new server platform.
(A) delaying
(B) delays
(C) delay
(D) delayed

104. The _____ of heavy machinery should be left to professionals because of the new safety regulations.
(A) operate
(B) operating
(C) operator
(D) operation

105. Our _____ at Austin Architects is designing and building custom homes to your exact specifications, tastes, and precise needs.
(A) specialty
(B) special
(C) specialized
(D) specific

106. Some _____ displayed in the store is available at discounted prices, up to 60% off of list prices, for the next few days.
(A) merchandise
(B) refunds
(C) advertising
(D) machines

107. Although computers have become faster in performing their task, a quantum computer would have _____ far beyond those of any traditional classical computer.
(A) capability
(B) capable
(C) capably
(D) capabilities

108. Many retailers filed a complaint with the supplier claiming that the _____ dates on the face masks they ordered had already passed.
(A) expire
(B) expiring
(C) expired
(D) expiration

109. As some of the hotels listed below may offer airport shuttle services, you need to check with the hotel of your _____.
(A) choose
(B) choosing
(C) choice
(D) choosed

110. Mr. Lee said that although he was reluctant to raise interest rates, there was no _____ if the housing market was acting as the key driver of the recovery from the recession.
(A) alternate
(B) alternative
(C) alternatives
(D) alternating

Chapter 8 명사와 대명사

Practice Test 2

101. Several manufacturers have already started producing even smaller portable devices, further reducing _____ weight and size.
（A) their
（B) its
（C) it's
（D) them

102. He said that it was a personal responsibility of _____ to give a more healthy Earth back to the future generations than the Earth he had received from his parents.
（A) he
（B) him
（C) his
（D) himself

103. We felt comfortable when every person there from the hostess to the owner _____ greeted us and made sure we were happy.
（A) himself
（B) he
（C) his
（D) him

104. Most CEOs think of a product launch as an event, the success of which could determine _____ company's survival.
（A) them
（B) those
（C) its
（D) their

105. _____ who purchase two or more tires from any brand will receive a 15% discount plus a complimentary oil change.
（A) They
（B) Everyone
（C) Patron
（D) Those

106. The 22-year-old student had to wait two hours to take _____ flight home after he was barred from boarding.
（A) another
（B) other
（C) one
（D) others

107. _____ are convinced that the currency values of China and other emerging markets will fall in the near future.
（A) Neither
（B) No one
（C) Almost everyone
（D) Few

108. _____ study on herbal medicines was possible through funding passed by the Hana Board of Supervisors.
（A) He
（B) Himself
（C) His
（D) Him

109. The company is seeking to differentiate _____ from its Chinese rivals in home appliances by releasing quality-improved products.
（A) itself
（B) it
（C) them
（D) themselves

110. The chairman of the Board prefers to schedule appointments _____ instead of having his secretary do it.
（A) himself
（B) him
（C) his
（D) to himself

76

Chapter 9

형용사와 부사

- 형용사의 성격
- 부사의 성격
- 부사의 위치
- 자주 쓰이는 부사
- Practice Test 1
- Practice Test 2

1. 형용사의 성격

> **TOEIC 포인트 18**   형용사의 위치, 역할, 특정 명사와 잘 어울리는 형용사 어휘 등을 많이 익힌다.

1 (관사 또는 소유격) + 형용사 + 명사: 형용사는 명사 앞에(가끔 뒤에) 쓰여 명사를 수식한다.

" Thanks to his careful planning, we could finish the project successfully.

2 2형식에서 주격 보어로 쓰여 주어의 상태, 양태 등을 설명한다. ☞ p. 11 참고

" You have the right to remain silent during the investigation.

3 5형식에서 목적격 보어로 쓰여 목적어의 상태, 양태 등을 설명한다. ☞ p. 14 참고

" The horrifying attact last night left many people injured.

4 수량형용사

① quite a few, a few, few + 복수 명사, quite a little, a little, little + (불가산) 단수 명사
Quite a few people may have some problems with the new law. (많은 사람들)
She has little time remaining before the train leaves. (시간이 거의 없다)

② a wide array / range / selection / variety of + 복수 명사 (다양한 ~)
A variety of events were significantly associated with a number of physical conditions.

③ lots of / a lot of / plenty of + 가산 명사 / 불가산 명사
They have been using plenty of disposable paper coffee cups in the office.
Consumers have plenty of disposable income and leisure time.

> 📢 **Sample Question 1**

1. _____ people used email as a primary way of communicating with friends, family, and co-workers then.
   (A) Quite a little   (B) Few   (C) A good deal of   (D) A large amount of

2. The leaflet lists some online banking tips to keep your bank account _____.
   (A) security   (B) safe   (C) protection   (D) safeguard

3. They announced that they had received _____ approval.
   (A) finally   (B) final   (C) finality   (D) finalize

5 형용사는 주로 -ical, -ous, -ful, -able, -ish 등으로 끝나지만 아래와 같이 다른 꼴로도 쓰인다.

conducive (to) ~에 도움이 되는 cooperative 협조적인 diverse 다양한 consecutive 연이은 distinct 뚜렷한 definite 명확한 adequate 충분한, 적절한 accurate 정확한 complete 완성된 deliberate 고의적인 delicate 섬세한 appropriate 적절한 windy 꼬불꼬불한 thorough 철저한

6 명사 + ly는 형용사이다. 날씨 관련 형용사는 명사에 -y만 붙인다.

timely 시의적절한, 시기가 잘 맞는 costly 비싼 orderly 질서 정연한 friendly 친근한 daily 매일의 weekly 주마다의 quarterly 분기별의 monthly 매 월의 yearly 해마다의 windy 바람이 많이 부는 snowy 눈이 많이 오는 rainy 비가 많이 오는 misty 안개가 자욱한 foggy 안개가 낀 cloudy 구름이 낀

7 혼동하기 쉬운 형용사

advisory 자문하는, 고문의 it is advisable to ~이 바람직하다 beneficial 유익한, 이로운 beneficent 도움을 베푸는, 선을 베푸는 benevolent 자애로운 competitive 경쟁력을 갖춘, 경쟁이 심한 comparable 비교가 되는, 비슷한 competent 유능한 be considerate of ~를 배려하다 considerable 상당한 respectful 존경심을 보이는 respectable 존경할 만한 respective 각자의, 각각의 informative 유익한 informed 정보에 입각한, 정보를 받는 successful 성공적인 successive 연속적인 favorite 좋아하는 favorable 호의적인 credible 믿을 만한 credulous 잘 믿는(속는) distinguished 저명한 distinguishable 구별이 가능한 be reliant on ~에 의존하다 reliable 신뢰가 가는, 믿을 만한 be confident of ~을 자신하다 confidential 비밀의 profitable 이익이 많은 proficient 능숙한 economic 경제와 관련된 economical 돈을 절약하는(경제적인) be responsible for ~에 책임이 있다 be responsive to ~에 응답하다

📢 **Sample Question 2**

1. Many people credit this _____ success to the ability to drastically cut selling costs.
   (A) amazing   (B) agreeably   (C) creating   (D) reliable

2. The mediator said that Mr. Hindly had never been _____ throughout the whole negotiation.
   (A) cooperate   (B) cooperative   (C) cooperatively   (D) cooperated

3. To succeed and stay _____ in the market, we need a few key growth strategies.
   (A) competent   (B) comparable   (C) competitive   (D) competing

8 분사형 형용사: 현재분사(-ing), 과거분사(-ed)가 형용사로 고착된 경우이다.

encouraging 격려하는, 힘을 북돋우는 **lasting** 능숙한 **remaining** 남아있는 **missing** 없어진, 빠진 **rewarding** 보람 있는 **deteriorating** 악화되는 **outstanding** 뛰어난 **qualified** 자격을 갖춘 **repeated** 반복되는 **limited** 제한된 **established** 확립된, 입지를 견고히 한, 성공한

> ❖ 토익 빈출: 형용사 + 명사의 조합
>
> accrued interest 경과 이자 a keen interest 첨예한 관심 corporate lawyer 기업 변호사 fiscal law [policy, year, reform] 회계법[국가 재정 정책, 회계 연도, 세제 개혁] marginal increase 미미한 증가 applicable approach[procedure, property] 적용 가능한 접근 방식[절차, 특성] dramatic change 급격한 변화 existing customer[equipment] 기존 고객[장비] protective device[glasses, gear, equipment, tariffs, packaging] 보호 장치[보호 안경, 보호 장구, 보호 장비, 보호 관세, 보호 포장(물)] natural disasters [resources, touches, fabrics] 자연 재해[자원, 자연의 느낌, 자연 섬유] heavy traffic[drinking, smoking, fines, burden] 교통 체증[과음, 과다한 흡연, 과다한 벌금, 과다한 부담]

📢 Sample Question 3

1. Many people believe tablet computers shouldn't become the _____ way students learn in class.
   (A) incentive   (B) consensus   (C) primary   (D) accessible

2. The Education Reform Bill required public school teachers to include _____ points of view.
   (A) opposing   (B) annoying   (C) controversy   (D) consecutive

3. The company has decided to invest a _____ amount of time and money to double their sales next year.
   (A) considering   (B) considerate   (C) considered   (D) considerable

2. 부사의 성격

> **TOEIC 포인트 19** 부사의 위치 및 특정 부사와 잘 어울리는 형용사, 동사를 많이 알아야 한다.

부사는 형용사 + ly의 형태를 취하며 문장에서 다음과 같은 역할을 한다.

1 동사, 준동사(to부정사, 동명사, 분사)를 수식한다.

* Fill out the form completely. (동사 수식: 완전히 기입하다)
* Don't forget to fill out the form completely. (to부정사 수식: 완전히 기입하는 것)

2 형용사를 수식한다.

* They could schedule a mutually agreeable time. (형용사 수식: 서로 동의하는)

3 문장 내의 다른 부사를 수식한다.

* You may be ticketed for impeding traffic by driving too slowly. (부사 수식: 너무 천천히)

4 주로 문장 앞에서 문장 전체를 수식한다.

* Unfortunately, the item is no longer available. (문장 전체 수식: 아쉽게도 ~하다)

5 강조의 역할

* You should reserve a hotel room well in advance of your arrival. (in advance를 강조: 훨씬 전에)

📢 Sample Question 4

1. He has written _____ on the effect of corporate strategy.
   (A) extensively   (B) extent   (C) extensive   (D) extensiveness

2. Tickets had been sold out _____ in advance of the performance.
   (A) so   (B) well   (C) such   (D) much

3. The number of _____ damaged residences in the devastated areas is likely to rise.
   (A) substance   (B) substantial   (C) substantially   (D) substances

3. 부사의 위치

1 주어 + 부사 + 일반동사

" He believed most people <u>willingly</u> accepted a social contract.

2 진행형 구문: be + 부사 + ~ing

" They have been <u>eagerly</u> awaiting reports from the Council.

3 수동태 구문: be + 부사 + 과거분사, be + 과거분사 + 부사

" The new hospital could not be <u>more conveniently</u> located.

4 완료시제 구문: have + 부사 + 과거분사

" TQM has <u>steadily</u> become more popular since the early 1980s.

5 자동사 + 부사

" Car insurance costs have risen <u>significantly</u> over the past two years.

6 타동사 + 목적어 + 부사

" Make sure you inspect your septic tank <u>regularly</u>.

7 조동사 + 부사 + 일반동사

" A massive Starbucks store will <u>soon</u> open in Italy.

📢 Sample Question 5

1. Using mobile phone inside the venue is _____ prohibited.
   (A) rapidly   (B) adversely   (C) sharply   (D) strictly

2. They _____ objected to the proposed sale of alcoholic beverages at publicly owned facilities.
   (A) strongly   (B) securely   (C) generously   (D) heavily

3. The terms of the agreement should be fully and _____ stated orally or in writing.
   (A) punctually   (B) explicitly   (C) conveniently   (D) widely

4. 자주 쓰이는 부사

1 자동사구에 잘 어울리는 부사: 동사 + 부사 + 전치사

- Facebook users can reply directly to comments left on their page.
- You need to respond promptly to any requests from customers.
- Small businesses rely heavily on long-term financing.

2 특정 형용사와 잘 어울리는 부사: 부사 + 형용사

- Building a strong team is both possible and remarkably simple.
- A recently conducted drug survey showed an increase in use of drugs and alcohol.
- The cost of health care is becoming an increasingly important factor for all of us.

3 강조의 의미 부사: well / much / even / too

- Please let us have the text of your paper well in advance.
- The box was much too heavy for me.
- My dog pees and poops in the house even after we take him outside.

> ⁎ even, much, still, far + 비교급
>
> ⁎ by far, much, the very + 최상급
>
> ⁎ much too + 형용사 ↔ too much + 명사

📢 Sample Question 6

1. Referring to the illustration will _____ help you identify the parts of the camera.
   (A) steadily   (B) approximately   (C) definitely   (D) eagerly

2. Consumer prices decreased _____ as a result of the depression in 2009.
   (A) hardly   (B) radical   (C) inclusively   (D) drastically

3. This candle will _____ be a hot item for keeping your house smelling like heaven.
   (A) definite   (B) may   (C) most like   (D) probably

4 시간 부사: **already / soon / still / yet** (아래 예문에서 의미의 차이와 부사의 위치 확인)

" I haven't finished it yet. I have yet to finish it. It is yet to be finished.
" I have already finished my homework. I still haven't done my homework.

5 접속부사

종류		부사
양보	그러나, ~에도 불구하고	however, nevertheless, nontheless, notwithstanding
인과	따라서, 결과적으로	accordingly, therefore, consequently, as a result, hence, thus, in conclusion(결론적으로)
부가	더욱이, 게다가	besides, moreover, in addition, furthermore, above all
전환	이에 반대로, 반대로	contrarily, on the contrary, in contrast, on the other hand
연속	그 다음에, 그 후에	then, thereafter, afterwards, subsquently
기타	사실상 그렇지 않으면 ~ 대신에 한편	indeed, in fact otherwise instead meanwhile

" We have different backgrounds. Accordingly we will have different futures.
" I felt like crying, but I managed to smile instead.
" If it rains, then there will be no picnic.
" He left; thereafter we never met again.

6 so + 형용사, 부사 + that절: 아주 ~해서 ~하다

" The political situation was so critical that the government declared the state of siege.

🔊 Sample Question 7

1. The extent to which she will be involved in the project is _____ to be determined.
   (A) seldom   (B) ever   (C) yet   (D) too

2. As you no doubt know by now, she is _____ the best executive in the company.
   (A) instead   (B) by far   (C) pretty   (D) well

3. The smartphone with a leather cover was _____ recommended by the sales representative at the store.
   (A) significantly (B) increasingly (C) overwhelmingly (D) highly

❖ be + 부사 + 과거분사 빈출 표현

	부사	과거분사
be	specifically 분명하게, 상세하게 clearly 확실하게 expressly 명백하게 explicitly 명쾌하게 implicitly 암시적으로	mentioned 언급되다 stated 기술되다 declared 선언되다
be	conveniently 편리하게 tentatively 잠정적으로	located 위치하다 scheduled 일정이 잡히다

❖ 동사 + 부사 빈출 표현

동사	부사
increase 증가하다 decrease 감소하다 rise 오르다 fall 내리다 improve 향상되다 grow 성장하다 expand 확장하[되]다	abruptly 갑자기, rapidly 급속히 sharply 급격하게, drastically 대폭적으로 dramatically 극적으로, gradually 점진적으로 slightly 미미하게, noticeably 뚜렷하게 steadily 꾸준히 considerably 많이, 상당히 substantially (주로 양) 상당히, 대체로 significantly (두드러지게) 아주, 상당히

📢 Sample Question 8

1. Unless explicitly stated _____, all rights are owned by YSU.
   (A) therefore   (B) however   (C) moreover   (D) otherwise

2. We have to figure out what their plans are and act _____.
   (A) accordingly   (B) according   (C) accordance   (D) accordable

3. Our regular service is scheduled for next week. _____, we can adjust our dates according to your availability.
   (A) In contrast   (B) Notwithstanding   (C) And so   (D) Indeed

Practice Test 1

101. While small startup companies rely on the skills of a small core team, _____ companies adopt outsourcing as an essential business strategy.
(A) confidential
(B) established
(C) domestic
(D) private

102. Recent college graduates are favoring a job that offers an environment _____ to professional growth and career development.
(A) conducive
(B) associated
(C) focused
(D) pursuant

103. In this type of resume your jobs are listed in reverse _____ order with your current, or most recent job, first.
(A) limit
(B) limiting
(C) applicable
(D) chronological

104. The sale includes many discounted and _____ edition products available only during this sale, so don't miss your chance.
(A) limit
(B) limits
(C) limiting
(D) limited

105. The employee found it _____ to perform the job physically because of the lack of time.
(A) difficult
(B) difficulty
(C) difficultly
(D) differ

106. Each umbrella is fitted with a tag that lists _____ information on when and where it was found.
(A) detail
(B) detailed
(C) detailing
(D) details

107. They are struggling every day to cope with millions of _____ items in Tokyo's Lost and Found center.
(A) comprehensive
(B) unclaimed
(C) accurate
(D) specific

108. Air Roman exercises extreme care to ensure that packages containing _____ food items are adequately protected against leakage and contamination from other cargo.
(A) disappearing
(B) decomposable
(C) perishable
(D) fragile

109. For this weekend only, with _____ purchase of $100 or more, you'll receive a free set of car window shades to keep your parked car cooler under direct sunlight.
(A) all
(B) some
(C) every
(D) most

110. Foreign fishing vessels wishing to enter a port will be required to request permission from _____ ports ahead of time.
(A) restricting
(B) descending
(C) fortified
(D) designated

Practice Test 2

101. Creating an industrial complex may do more harm than good by _____ damaging the environment.
   (A) severely
   (B) serious
   (C) especial
   (D) exclusively

102. Some of the employees have not _____ attended the training session for the new timesheet software.
   (A) still
   (B) yet
   (C) already
   (D) sometimes

103. He forgot to backup his files and _____ he lost all of his data when he lost his USB flash drive.
   (A) that
   (B) nevertheless
   (C) consequently
   (D) otherwise

104. Although he offered a _____ convincing explanation for his absence from school, the teacher didn't believe him.
   (A) sufficiently
   (B) actually
   (C) gradually
   (D) abruptly

105. If you still have questions about the budget planning, I can take some time to see you _____ after the meeting.
   (A) closely
   (B) nearly
   (C) fast
   (D) shortly

106. Fisher's first novel was a big hit, so he republished a _____ revised version of the original text.
   (A) strictly
   (B) slightly
   (C) securely
   (D) steadily

107. Sales to Japan account for _____ 30 percent of our exports these days and it will increase more next year.
   (A) nearing
   (B) near
   (C) nearly
   (D) neared

108. Diet programs are _____ prevalent that choosing a diet that's right for you is getting extremely difficult.
   (A) such
   (B) so
   (C) even
   (D) well

109. The recycling program sponsored by the district office allows its residents to _____ recycle their used products.
   (A) unexpectedly
   (B) highly
   (C) reversely
   (D) affordably

110. I had my smartphone service suspended _____ in the process of transferring to the branch office in Singapore.
   (A) substantially
   (B) temporarily
   (C) gradually
   (D) completely

MEMO

Chapter 10

접속사와 전치사

- 접속사와 전치사 비교
- 주의해야 할 전치사
- Practice Test

1. 접속사와 전치사 비교

> **TOEIC 포인트 20** 접속사와 전치사의 역할의 차이를 이해하고 관용적 전치사구를 많이 익혀 둔다.

1 접속사는 주어와 동사를 갖춘 절 앞에 쓰여 다른 절과의 연결 역할을 한다.

" Don't forget to turn the lights off you leave. (X)

" Don't forget to turn the lights off before you leave.

2 상관접속사: 두 개 이상의 단어가 짝을 이루어 의미 단위를 형성한다. 상관접속사가 주어 자리에 있을 경우 동사의 수 일치에 주의한다.

상관접속사	동사
both A and B	+ 복수동사
neither A nor B	동사에 가까운 명사가 주어 (긍정문의 경우 B, 의문문의 경우 A가 주어이다.)
either A or B	
not only A but (also) B	

" Either my father or my brothers are going to sell the house.

" Neither my brothers nor my father is going to sell the house.

" Are either my brothers or my father responsible?

" Is either my father or my brothers responsible?

> ❖ A as well as B 구문에서 주어는 항상 A이다. (as well as B는 부사구)

📢 Sample Question 1

1. Is there any possibility _____ you could reschedule the regular meeting?
   (A) of　　　　　　　(B) which　　　　　　(C) that　　　　　　(D) when

2. _____ a book or a few magazines are good to bring along when traveling.
   (A) Either　　　　　(B) Both　　　　　　 (C) Neither　　　　　(D) As well as

3. They received a message that a shipment of 10 items was damaged _____ transit.
   (A) through　　　　(B) in　　　　　　　　(C) for　　　　　　　(D) while

3 전치사는 명사 앞에 쓰여 시간, 장소, 방향, 이유 등을 나타내는 부사구로 쓰이거나 앞의 단어와 뒤에 오는 명사를 관련지어 주는 역할을 한다. (한국어의 조사는 명사 뒤에 쓰여 이러한 역할을 하므로 후치사로 볼 수 있다.)

- All children go school. (x) → All children go to school.
- They are danger. (x) → They are in danger.

4 같은 의미의 전치사와 접속사: 보기 중 전치사와 접속사가 함께 있을 때, 빈칸 뒤의 문장 구조를 살펴보아야 한다.

	접속사 + 주어 + 동사	전치사 + (동)명사
~동안	while (+ -ing도 가능)	during + 명사, for + 숫자 + 명사
~하자마자	as soon as	upon -ing, on -ing
~라면, 한다면	if, in case (that)	in case of
~(이기) 때문에, 덕분에	because, since, now that	because of, due to, owing to, thanks to
~에도 불구하고	though, although, even though, whereas(~하는 반면에)	despite, in spite of, notwithstanding

5 or else는 '그렇지 않으면 ~하다'의 뜻으로 쓰이는 접속사이다.

- Doctors should follow the guidelines or else they run the risk of being sued.

📢 Sample Question 2

1. We apologize _____ this has caused you any inconvenience and difficulty.
   (A) for　　　(B) if　　　(C) once　　　(D) although

2. Dr. Mahyer demanded the patient's operation be delayed _____ acute severe hypertension.
   (A) due to　　　(B) because　　　(C) while　　　(D) by means of

3. The highway is always congested _____ many people commute from the suburbs.
   (A) while　　　(B) during　　　(C) because　　　(D) in case of

2. 주의해야 할 전치사

1 혼동하기 쉬운 전치사

① ~근처에: **by, beside, near to, next to**
The dinner is usually held somewhere near the wedding venue for the sake of convenience.

② ~동안: **for** + 구체적 숫자 명사, **during** + 기간 명사
for a week[two months, ten years], during the vacation[the meeting]

③ ~까지: **by**, until

> **문제풀이 TIP** by와 until은 동사의 속성이 결정한다. 일회성이면 **by**, 지속성이면 **until**을 고른다.
> - I'll arrive home _____ 10 o'clock. → by (도착하는 행위는 10시까지 한 번이다.)
> - I'll stay home _____ 10 o'clock. → until (10시까지 머무는 행위가 지속적이다.)

2 분사(-ing, p.p.)형 전치사

" I have a question regarding your earlier comments. ~에 관해 (= concerning, as to, about)
" Notwithstanding their inexperience, they were an immediate success. ~에도 불구하고
  (= despite)
" Eight people were killed in the riot, including two police officers. ~을 포함하여
" Sophia has become more aggressive following her parents' divorce. ~후에
" Given her interest in children, I am sure teaching is the right job for her. ~을 감안할 때

📢 Sample Question 3

1. If he wins, it will be the first time _____ 10 years that a non-European has won the gold medal.
   (A) since (B) for (C) in (D) during

2. The dinner will be held somewhere _____ the wedding venue for the sake of convenience.
   (A) on (B) along (C) near (D) across

3. Pro Printers collects information on the latest printing equipment from companies _____ North America.
   (A) by (B) at (C) across from (D) across

3 빈출 전치사 관련 구

- John Taylor is giving a series of concerts in New York **ahead of** his tour. ~에 앞서
- Dorothy could arrive **in advance of** anyone else. ~보다 먼저 (= **before, ahead of, prior to**)
- The members were asked to arrive at least three hours **prior to** the final rehearsal. ~에 앞서
- She studied economics at the university **previous to** her nursing education. ~에 앞서
- **Apart from** a few scratches, it was undamaged. ~외에는, ~를 제외하고 (= **aside from**)
- I was able to afford a new car **by means of** a loan. ~의 도움을 받아, ~을 사용하여
- The operation was cancelled **due to** the patient's severe hypertension. ~때문에, ~로 인하여 (= **owing to**)
- He canceled the beach picnic **on account of** the bad weather forecast. ~때문에 (= **due to**)
- The lawyer sued the company **on behalf of** the workers who lost their jobs. ~을 대변하여
- **In spite of** the bad weather, all of us had fun on vacation. ~에도 불구하고 (= **despite**)
- We are now on the right path **with regard to** climate policy. ~에 관해서
- He denied that he owned the building and the land **pertaining to** it. ~에 속한, 관계된
- Class fee refunds are issued **in accordance with** guidelines established by them. ~에 부합되게
- You may not accept any benefits **pursuant to** company policy. ~에 의거하여
- They persevered in their attempts **regardless of** a number of setbacks. ~와 상관없이 (= **despite**)

문제풀이 TIP 전치사 + 동명사 빈출 구문

- **by relocating** their plants overseas 해외로 공장을 이전함으로써
- **prior to leaving** the office 퇴근하기 전에
- **prior to leaving** office 퇴임하기 전에
- **despite experiencing** an increase in sales 판매량의 증가가 있었음에도 불구하고
- **without getting** any support 어떤 지원도 받지 않고
- **instead of discarding** leftover champagne 남은 샴페인을 버리는 대신에

📢 **Sample Question 4**

1. They discussed various reasons _____ relocating their manufacturing plants in the monthly meeting.
   (A) why   (B) for   (C) in   (D) while

2. We treat every applicant equally, _____ what their language is.
   (A) regardless of   (B) except for   (C) although   (D) despite

3. The law firm has sued the company _____ the workers who lost their jobs.
   (A) against   (B) on behalf of   (C) with regard to   (D) aside from

Practice Test

101. The conductor of the orchestra asked us to arrive at least two hours _____ the final rehearsal.
    (A) previous
    (B) in advance
    (C) early
    (D) prior to

102. A local convenience store chain, Jim & Jane, has once again been recognized _____ an awsome place to work.
    (A) as
    (B) for
    (C) in
    (D) by

103. Turkey's tourism industry has suffered a sharp decline _____ a sense of insecurity created in the wake of the recent bomb attack.
    (A) despite
    (B) due to
    (C) throughout
    (D) in case

104. I am sure that the company can make more money _____ relocating its plants to a country with lower labor costs and fewer regulations.
    (A) through
    (B) as to
    (C) by
    (D) under

105. _____ the rising ubiquity of smartphones, we feel like we are walking around with a variey of productivity suites in our pockets.
    (A) Among
    (B) Since
    (C) Once
    (D) With

106. We can resist the pull of the smartphone by coming up _____ rules to help us manage the constant influx of information.
    (A) to
    (B) on
    (C) with
    (D) via

107. _____ he barely passed the written test on the third try, he passed his driving test with no problem.
    (A) Although
    (B) Now that
    (C) Since
    (D) Despite

108. _____ a five-year absence, Jeffry Dylan and Helen Frenado are planning a reunion tour in 2017.
    (A) With
    (B) After
    (C) Even
    (D) While

109. Nina Lien could not attend the party last nignt _____ one of her colleagues she had been working on an urgent project with got sick and she had to fill in for her.
    (A) because
    (B) while
    (C) and
    (D) although

110. _____ announced in our weekly sales meeting last week, we will do our best to attract prospective customers.
    (A) Like
    (B) As
    (C) With
    (D) To be

Review Test

앞서 풀어 본 문제들을 무작위로 재구성했습니다.
제한 시간 내에 문제들을 다시 한 번 풀어보면서
학습한 내용을 확인하세요.

- Review Test 1
- Review Test 2
- Review Test 3

Review Test 1

제한 시간 5분

101. Please be noted that _____ for San Juan Island travel should be made 24 hours ahead without exception.
     (A) reserved
     (B) reserve
     (C) reserver
     (D) reservations

102. When he asked for a full refund, the customer service person _____ the revised refund policy to him.
     (A) refrained
     (B) sustained
     (C) explained
     (D) prevented

103. The criticism that Dr. Bergman made during the City Hall presentation last night seemed _____ to the point.
     (A) relevance
     (B) relevantly
     (C) relevancy
     (D) relevant

104. Tickets to the museum's special exhibit _____ at least two days in advance on the Web site will be issued electronically.
     (A) oders
     (B) to order
     (C) ordering
     (D) ordered

105. The application review process can range from 4 to 6 weeks _____ the need and urgency of the recruitment.
     (A) because
     (B) depending on
     (C) that
     (D) including

106. He reported, citing industry executives, that China was considering easing proposed quotas _____ at producing more electric vehicles.
     (A) aimed
     (B) aim
     (C) have aimed
     (D) aims

107. It is said that instead of _____ into a nearby river, sewage is sent to a giant tank where the water is purified.
     (A) being dumped
     (B) dumping
     (C) being dumping
     (D) dumps

108. The French restaurant _____ we are looking for is temporarily closed due to remodeling.
     (A) what
     (B) which
     (C) where
     (D) whose

109. We are pleased to invite you to visit our website if you're an _____ customer and looking for support around retirement.
     (A) exist
     (B) existing
     (C) existed
     (D) existence

110. According to the report, the situation was caused by extraordinary effects _____ with the company's strategic alignment in the Chinese market.
     (A) associating
     (B) associated
     (C) to associate
     (D) in associating

111. The effects of the new business tax laws, which are intended _____ local economic growth, may not be seen for years.
    (A) facilitating
    (B) facilitates
    (C) to be facilitated
    (D) to facilitate

112. It turns out that Donald Gates _____ even richer now if he'd done nothing or had just invested his inherited wealth in index funds since 2009.
    (A) would actually be
    (B) actually would have been
    (C) actually is
    (D) will actually be

113. In an effort to avoid further _____ in critical business data processing, SORTEK's management board decided to switch to a new server platform.
    (A) delaying
    (B) delays
    (C) delay
    (D) delayed

114. Most CEOs think of a product launch as an event, the success of which could determine _____ company's survival.
    (A) them
    (B) those
    (C) its
    (D) their

115. Those who purchase two or more tires from any brand will receive a 15% discount plus a _____ oil change.
    (A) complimentary
    (B) complement
    (C) complementary
    (D) compliment

116. Fisher's first novel was a big hit, so he republished a _____ revised version of the original text.
    (A) strictly
    (B) slightly
    (C) securely
    (D) steadily

117. _____ he barely passed the written test on the third try, he passed his driving test with no problem.
    (A) Although
    (B) Now that
    (C) Since
    (D) Despite

118. _____ announced in our weekly sales meeting last week, we will do our best to attract prospective customers.
    (A) Like
    (B) As
    (C) With
    (D) To be

119. The recycling program sponsored by the district office allows its residents to _____ recycle their used products.
    (A) unexpectedly
    (B) highly
    (C) reversely
    (D) affordably

120. Air Roman exercises extreme care to ensure that packages containing _____ food items are adequately protected against leakage and contamination from other cargo.
    (A) disappearing
    (B) decomposable
    (C) perishable
    (D) fragile

Review Test 2

101. Our mission is _____ a multi-cultural global organization dedicated to improving the quality of life worldwide.
  (A) building
  (B) built
  (C) being build
  (D) being built

102. Despite repeated requests from community members, City Council hasn't yet _____ funds for reconstruction of the old library.
  (A) allocated
  (B) initiated
  (C) purchased
  (D) revised

103. Since Max planned and implemented the project carefully, we chose _____ his project to the board members.
  (A) send
  (B) sending
  (C) to send
  (D) be sent

104. The instructor in the workshop can teach people how to have _____ in themselves so that they make an effective presentation.
  (A) motivation
  (B) competition
  (C) confidence
  (D) responsibility

105. It's advised that we adjust our prices and promote our extra features if we want to remain _____ in the market.
  (A) competitive
  (B) compete
  (C) competed
  (D) competition

106. The chairman of the committee has finally agreed to renovate the office building to make it _____ to people with disabilities.
  (A) access
  (B) accessible
  (C) accessed
  (D) accessing

107. It was a measure _____ to give the American steel industry time to reorganize in the face of unfair competition from abroad.
  (A) designed
  (B) designing
  (C) has been designed
  (D) which designed

108. Free leaflets and advice sheets _____ a range of topics can be picked up from the Resource Center at Cromwell Drive.
  (A) cover
  (B) covers
  (C) covering
  (D) covered

109. Ensure that you always use the tools _____ in the instructions and use eye protection when working with tools.
  (A) specified
  (B) specific
  (C) specifying
  (D) to specify

110. You need to know that recharging these batteries takes up to six hours, _____ you have to check them on a regular basis.
  (A) so
  (B) despite
  (C) which
  (D) in spite of

111. To attract more travelers, the travel agency launched a new product late last year _____ has been busy working on improving its service and lobbying investors.
    (A) when
    (B) to
    (C) because
    (D) and

112. Our tour guide repeatedly asked us to be very quiet while we _____ the beautifully land-scaped 15-acre property.
    (A) tour
    (B) toured
    (C) were touring
    (D) will tour

113. By the time I finish writing this comedy, I _____ four comedies on SBC for the upcoming 2016-7 season.
    (A) will create
    (B) am creating
    (C) have created
    (D) will have created

114. New immigrants from Asia and Latin America _____ cultural diversity to the American population in recent decades.
    (A) add
    (B) added
    (C) have added
    (D) had added

115. Once your business has started, you _____, sooner or later, the challenge of making it grow.
    (A) face
    (B) will face
    (C) will have faced
    (D) have faced

116. The law firm representing alleged victims was found _____ false claims about the accident by a local newspaper reporter.
    (A) to be made
    (B) making
    (C) to have made
    (D) to make

117. Although you were highly recommended and we _____ to contact you, you were unable to provide a satisfactory answer we needed.
    (A) advised
    (B) were advised
    (C) have advised
    (D) are advising

118. Steven Spielberg is the American director _____ films enjoyed both commercial and critical success.
    (A) that
    (B) which
    (C) whose
    (D) what

119. _____ Jana is an internationally renowned expert, I think we may trust her professional advice on anti-aging.
    (A) Granted that
    (B) When
    (C) When assumed
    (D) Given that

120. With the ceremony _____, the organizing committee is busy finalizing the last details that will make the occasion a memorable experience.
    (A) approaching
    (B) approached
    (C) approaches
    (D) to approach

Review Test 3

제한 시간 5분

101. Turkey's tourism industry has suffered a sharp decline _____ a sense of insecurity created in the wake of the recent bomb attack.
    (A) despite
    (B) due to
    (C) throughout
    (D) in case

102. He forgot to backup his files and _____ he lost all of his data when he lost his USB flash drive.
    (A) that
    (B) nevertheless
    (C) consequently
    (D) otherwise

103. In this type of resume your jobs are listed in reverse _____ order with your current, or most recent job, first.
    (A) limit
    (B) limiting
    (C) applicable
    (D) chronological

104. For this weekend only, with _____ purchase of $100 or more, you'll receive a free set of car window shades to keep your parked car cooler under direct sunlight.
    (A) all
    (B) some
    (C) every
    (D) most

105. _____ who purchase two or more tires from any brand will receive a 15% discount plus a complimentary oil change.
    (A) They
    (B) Everyone
    (C) Patron
    (D) Those

106. The _____ of heavy machinery should be left to professionals because of the new safety regulations.
    (A) operate
    (B) operating
    (C) operator
    (D) operation

107. Many retailers filed a complaint with the supplier claiming that the _____ dates on the face masks they ordered had already passed.
    (A) expire
    (B) expiring
    (C) expired
    (D) expiration

108. Although computers have become faster in performing their task, a quantum computer would have capabilities far beyond _____ of any traditional classical computer.
    (A) that
    (B) which
    (C) them
    (D) those

109. Ms. Karen's maintenance team may work at the exhibit booth this weekend _____ additional staff be requested.
    (A) if
    (B) had
    (C) should
    (D) when

110. We are very excited _____ the opportunity to revise our manuscript, which we now entitle, "A Study of Competition in the U.S. Freight Railroad Industry."
    (A) to give
    (B) as given
    (C) to have been given
    (D) having given

111. We are in the process of _____ the layout of our entire homepage to make it more appealing to web visitors with a new look.
    (A) redesigns
    (B) redesigning
    (C) redesign
    (D) being redesigned

112. A number of candidates have been invited _____ for an opening in our branch office in Singapore for the position of Digital Content Specialist.
    (A) applying
    (B) to be applied
    (C) application
    (D) to apply

113. Renowned journalist and media entrepreneur Steven Morris published a book in April _____ a combination of quotes from interviews with various media outlets.
    (A) feature
    (B) features
    (C) featuring
    (D) featured

114. Multilingual Database allows users to translate a word or expression into _____ languages simultaneously.
    (A) multiples
    (B) multiplied
    (C) multiple
    (D) multiplling

115. People say that Michigan's property tax system is _____ due to a changed property tax calculation formula.
    (A) confuse
    (B) confusion
    (C) confusing
    (D) confused

116. Referees in international matches shall wear a blazer the color of _____ is distinct from the colors worn by the contesting teams.
    (A) which
    (B) whose
    (C) that
    (D) those

117. If an item _____ purchased in our store is defective, they can return it with a receipt valid within 30 days of purchase.
    (A) they
    (B) them
    (C) who
    (D) which

118. Vacation plans _____ to HR department may be denied to ensure coverage in the office during the holidays.
    (A) submit
    (B) submitted
    (C) submitting
    (D) is submitted

119. A conference hall _____ seating capacity is about three hundred was booked for the annual board meeting.
    (A) its
    (B) which
    (C) whose
    (D) that

120. Melanie, known as the most adventurous woman on the mountain, _____ more by the time she turned twenty-six than most people do in their entire lives.
    (A) experienced
    (B) has experienced
    (C) has been experiencing
    (D) had experienced

Review Test 101

MEMO

토익 빈출 어휘와 표현

- 토익 빈출 어휘와 표현 (1)
- 토익 빈출 어휘와 표현 (2)
- 토익 빈출 어휘와 표현 (3)
- 토익 빈출 어휘와 표현 (4)
- 토익 빈출 어휘와 표현 (5)
- 토익 빈출 어휘와 표현 (6)
- 토익 빈출 어휘와 표현 (7)
- 토익 빈출 어휘와 표현 (8)
- 토익 빈출 어휘와 표현 (9)
- 토익 빈출 어휘와 표현 (10)

토익 빈출 어휘와 표현 (1)

- a building **adjacent to** the highway 고속도로에 인접해 있는 (= adjoining, neighboring, nearby, abutting)
- a contract to **extend** your **tenancy** 임대(기간) 연장을 위한 계약
- a **daylong closure** due to **heavy traffic congestion** 극심한 교통 혼잡에 따른 온종일 폐쇄
- a fundamental change needed to **implement** the strategy 그 전략을 시행하기 위해 필요한 근본적 변화
- a **futile attempt** to renegotiate the contract 계약의 재협상을 위한 소득없는 시도

- a **gratifying[fulfilling, rewarding]** accomplishment 흐뭇한[가슴 뿌듯한, 보람찬] 성취
- a **hands-on** management[leadership] style 직접 실천하는 경영[리더십] 스타일
- a hotel **of your choice** 귀하가 직접 선택한 호텔
- a seminar **dealing with changes** about operating procedures 운영 절차에 관한 변화를 다룰 세미나
- a shipment of 10 items is damaged **in transit** 10개 물품 수송물이 운송 중 파손되다

- a special bonus to our **loyal customers** 충성스런 고객에게 드리는 특별 보너스
- a **steady influx** of new products[tourists, foreign capital] 꾸준한 새 제품[관광객, 해외 자본]의 유입
- a very **heavy workload** 아주 많은 작업량, 과중한 업무량
- **according to** sales perfomance and financial position 판매 실적과 재무 상태에 따라
- **across** the world[North America] 전 세계에[북미 전 지역에] 걸쳐

- **adhere to** the new standards[rules, policy] 새 기준[규칙, 정책]을 지키다
- **adverse** health **outcomes attributable to** a poor diet 잘 먹지 못해 생긴 건강에 유해한 결과
- adverse outcomes must be **promptly** reported to us 나쁜 결과는 우리에게 지체 없이 보고되어야 한다
- after a five-year **absence** 5년의 공백 기간을 보낸 후
- after the **clash** of **widely differing** opinions 크게 다른 의견들의 충돌 후에

- **amid speculation** that he wants to merge with them 그들과의 합병을 그가 원한다는 추측 속에서
- an environment **conducive to** professional growth 전문적 성장에 도움이 되는 환경
- an important part **in the negotiation process** 협상 과정에서의 중요한 부분
- an **outline** of customer likes, dislikes, and expectations 고객의 선호, 비선호, 그리고 기대치에 대한 개요
- **something else besides** 그 외 다른 것

- **at a hugely discounted rate** 엄청나게 싼 가격으로
- at least two hours **prior to** the scheduled departure 적어도 출발 예정 두 시간 전에
- **at the end of the year** 연말에
- at the (very) **latest[earliest, least]** (아무리) 늦어도[빨라도, 적어도]
- the **latest rise** in unemployment 최근의 실업 증가

토익 빈출 어휘와 표현 (2)

- **be attached to** this message is the file you requested 당신이 요청한 파일이 이 메시지에 첨부되어 있다
- **based on** his thorough 10-year research 10년 간에 걸친 철저한 연구를 바탕으로
- **be amended** to reflect his opinion 그의 견해를 반영하기 위해 수정되다
- **be blamed** for the poor enforcement of ~ ~의 부실한 집행 때문에 비난받다
- **be commensurate with** qualifications and experience 능력과 경험에 상응하다

- **be in charge of** public relations[personnel] 홍보[인사]를 담당하다
- **be in line with** the most optimistic predictions 가장 낙관적인 예상치와 일치하다
- **be nominated for** ~(후보)로 지명되다
- **be overcharged** $20 20달러를 부당하게 요구받다
- **be so intensely** hungry that you **are driven to eating** anything 너무 허기져서 아무것이나 먹게 되다

- **be still being** renovated 아직 보수 중에 있다 (수동 진행 구문)
- **to bring up** the issue 그 문제를 제기하다
- **to come up** with a new rule[idea] 새 규칙[아이디어]를 만들어 내다[찾아내다]
- commuters whose routes **take** them **past the stadium** 출퇴근 하는 길이 경기장을 지나쳐야 하는 통근자들
- complaints **regarding** noise 소음 관련 불만

- **to concentrate on** = **to focus on** ~에 전념[주력]하다
- **to consult a legal expert** 법 전문가와 상의하다
- to create a logo that **depicts corporate values** 기업 가치를 설명해 주는 로고를 만들다
- customers affected by **the service outages** 서비스 중단에 따라 영향을 받은 고객들
- **to cut a deal** with him 그와 거래를 맺다, 약정을 맺다, 흥정하다

- **decomposable** eco-friendly water bottles 분해 가능한 친환경 물병
- **discretionary funds at their disposal** 그들이 원하는 대로 쓸 수 있는 재량 자금
- diseases which **occur primarily** in animals 동물에게 주로 생기는 질병들 (= mainly)
- do not **dispose of** your ticket 티켓을 버리지 마라
- **enclosed in this package** are photos of two cars 두 차의 사진이 이 상자에 동봉되어 있다

- **extensive screening[maintenance procedures]** 광범위한 스크리닝[유지 보수 절차]
- failures to **meet various safety regulations** 여러 안전 수칙을 충족시키지 못함 (= fulfill, satisfy)
- **file** a claim[complaint, petition] **with** ~ ~에게 청구[불만, 청원]을 제기하다
- **fluctuating** gold prices 요동치는 금 가격
- **for the sake of** convenience 편리를 위해

토익 빈출 어휘와 표현 (3)

* gift certificate balances are refillable via our website 상품권 잔액은 우리 웹사이트를 통하여 재충전할 수 있다
* to go over the budget again 예산을 다시 검토하다 (= examine, review)
* had to fill in for her 그녀 대신 일해야 했다
* he has priority over other clients 그는 다른 고객들보다 우대 받는다
* Helen's persistence in her job search Helen의 고집스러운 직장 찾기

* her previous positions were exclusively in accounting 그녀의 이전 경력은 회계 분야에만 국한되어 있었다
* higher sales volumes 증가한 매출량[액]
* his expertise in chemical materials 화학 물질에 관한 그의 전문 지식
* his rather tardy arrival 그의 다소 늦은 도착
* hourly rates paid to the staff 직원의 시간급료

* if accompanied by an adult 어른이 동행한다면
* in celebration of its 30th anniversary 30주년을 축하하여
* in preparation for an increase in sales 매출 증가에 대비하여
* in response to the letter of request 추천서에 대한 응답으로
* in reverse chronological order 역순의 연대순으로

* in terms of cost[your proposal, importance] 비용 면에서[당신의 제안과 관련해서, 중요도 면에서] (= in light of)
* informative and relevant explanation 유용하며 적절한(~와 유관한) 설명
* Internet as a cost-effective means of communication 비용 효율적인 소통 수단으로서의 인터넷
* to make oneself stand out 눈에 띄게 하다 (= distinctive, prominent, conspicuous)
* millions of unclaimed items 찾아가지 않는 수백 개의 물품

* more portable than its predecessor 이전의 것보다 휴대성이 좋은
* near your primary residence 당신이 주 거주지 인근에
* applications submitted via our website are considered 우리 웹사이트를 통해 제출된 지원이 가능하다
* order processing to expedite deliveries to customers 고객에게 신속한 물품 배달을 위한 주문 처리 절차
* other affordable alternatives 저렴한 다른 대안들

* policy of containment or deterrence 봉쇄 혹은 저지 정책
* premier provider[supplier] 최고의 공급 업체
* prices well below the average list price 평균 정가보다 훨씬 낮은 가격
* to pull over (to do something) (~를 하기 위해) 차를 갓길에 대다
* purely nominal 순전히 명목상의, 허울뿐인

토익 빈출 어휘와 표현 (4)

- in the face of impending **financial crisis** 곧 닥칠 금융 위기에 직면하여
- receive quality medical care **at an affordable price** 저렴한 가격으로 질 높은 치료를 받다
- right **across from** the bank 은행 바로 맞은편에 (= opposite ※ across the street / the country)
- sales of the item were **incredibly disappointing** 그 물품의 판매는 믿기 힘들 정도로 실망적이었다
- **sales volume has dwindled by half** 판매량이 반으로 줄다

- she had to **draw on** her career experience 그녀는 자신의 경력을 이용[의지] 해야 했다
- **since** his **last visit** 그의 지난 방문 이래
- **surrounding** neighborhood 근처 동네
- to **take over** a store[her work] 가게를 인수하다[그녀의 일을 이어받다]
- to take the highway **for about twenty kilometers** 약 20킬로 정도 그 고속도로를 달리다

- the bleach pen **lifts** the most **stubborn stains** 그 표백제 펜은 가장 지우기 힘든 얼룩도 제거한다
- the building does not **permit** pets 그 건물에서는 애완동물이 허락되지 않는다
- the company **retracted** its **disciplinary action** against him 그에 대한 징계 조치를 철회했다
- the company's stock price is **up** 5% 그 회사의 주식 가격이 5% 상승하다
- the day of our **grand opening** 개업식 날

- the **eagerly awaited opening** of a new restaurant 손꼽아 기다리던 식당의 개업
- the envelope **enclosing all the necessary** documents 필요한 서류가 모두 들어 있는 봉투
- the estate **was assessed at** three thousand dollars 그 토지는 3000달러로 평가되었다
- the event to **commemorate its official launch** for new models 새 모델들의 공식 출시를 기념하는 행사
- the food is **reasonably priced** 음식 가격이 저렴하다

- the **joint memorial ceremony began with a tribute** to them 합동 위령제는 그들에 대한 헌사로 시작되었다
- the market is **on the upswing underpinned by** many policy makers 시장은 입안자들도 지지하는 상승세다
- the new product is **hard to come by** 그 새 제품은 사기 힘들다 (come by = find, get)
- the outdoor pools **operate seasonally** 야외 수영장은 계절별로 운영된다
- the **payoff for the investment in** ~에 투자한 것에 대한 보상(이득, 혜택)

- the price is **exorbitant** 가격이 터무니 없다
- the renovation is **tentatively** scheduled for July 28 보수 공사 일정이 잠정적으로 7월 28일로 예정되다
- the results were **deemed credible[manageable]** 그 결과는 믿을 만한[감당할 만한] 것으로 여겨졌다
- the river **overflowed** and **flooded** the valley 강이 넘치고 계곡으로 범람했다
- the severe storm **warning** will **stay in effect** until midnight 자정까지 심각한 폭풍 경보가 발효 상태일 것이다

토익 빈출 어휘와 표현 (5)

- the tactics which ultimately lead to higher prices of goods 궁극적으로 상품의 가격 인상으로 귀결되는 술책
- the train will be here in no time (at all) 곧 기차가 도착할 것이다
- the upcoming price hike 앞으로 있을 가격의 대폭 상승
- through consolidated workload automation 통합된 업무량 자동화를 통한
- through the entire manufacturing process 전 제조 과정 동안

- throughout the whole day[the whole period, their range] 하루 내내[전체 기간 동안, 그들의 전 구역에서]
- to agree with the decision to phase out the pension plan 그 연금안을 단계적으로 폐지하는 결정에 동의하다
- to apply for a driving permit 운전 허가증을 받기 위해 지원하다
- to ask for an extension (기간) 연장을 요청하다
- to assume (that) he messed up the project 그가 프로젝트를 망쳤다고 추정하다

- to attract all prospective customers 모든 유망 고객을 유치하다
- to be absolutely beyond reproach 절대 비난받을 수 없다
- to be among the outstanding candidates 뛰어난 후보자 중에 속해 있다
- to be billed separately 각각 별도로 청구되다
- to be carried out as per school policy[instructions] 학교 정책[지시]에 따라 수행되다

- to be heavily involved in charitable work 자선 사업에 깊이 관여하다
- to be held in the room across from the break room 휴게실 맞은편에 있는 방에서 개최되다
- to be in a financially precarious position 재정적으로 위태로운 상황에 처하다
- to be more preferable[desirable] 더 나은[바람직한]
- to be no more available at these prices 이 가격으로는 더 이상 ~(구입) 못하다

- to be postponed[cancelled] due to inclement weather 궂은 날씨 때문에 연기되다[취소되다]
- to be reproached for leaking the story to the press 그 이야기를 언론에 흘린 것 때문에 비난받다
- to be strolling in the park 공원에서 산책하다
- to benefit from the increasing competition 경쟁이 심해지면 혜택을 보다
- to blame the failure on him(= to blame him for the failure) 그 사람 때문에 실패했다고 비난하다

- to bring a natural touch to otherwise sterile buildings 안 그랬다면 황폐했을 건물에 자연의 맛을 주다
- as to whether we should do it now or wait for him 지금 해야 할지 혹은 그를 기다려야 할지에 관해
- to discuss the plan in confidence 비밀리에 그 계획에 대해 토의하다
- to dispose of the company's property 회사의 재산을 처분하다
- to do some comparison shopping (가격 등 상품에 대해) 비교 구매를 하다

토익 빈출 어휘와 표현 (6)

- to evacuate this facility immediately 즉시 이 시설에서 대피하다
- to expect them to do likewise 그들도 같은 식으로 해 주기를 기대하다
- to expedite the process 신속히 처리하다
- to fill me in on what happened 있었던 일에 대해 내게 알려주다
- to follow the safety guidelines 안전 지침을 따르다

- to gain[lack in] confidence 자신감이 커지다[결여되다]
- to get more exposure on social media than they are on TV TV 보다 소셜 미디어에 더 많이 노출되다
- to get through all the required interviews 요구된 인터뷰를 모두 끝내다
- to grant them a deadline extension 그들에게 마감 기일 연장을 허락하다(~해 주다)
- to grow with confidence and ability 자신감과 능력에 힘입어 성장하다

- to have commensurate duties as well as privileges 특권뿐만 아니라 그에 상응하는 의무도 지니다
- to highlight a comprehensive strategy 종합적인 전략을 강조하다
- to hold a mortgage on my house 우리 집의 저당권을 갖고 있다
- to lack even basic amenities 기본 편의 시설이 미비되다
- to launch a new service offering 새 서비스 상품을 출시하다

- to live next door to Alice[the dentist] Alice[치과] 옆집에 살다
- to make an accurate diagnosis 정확한 진단을 내리다
- to nurture your new hires and watch them grow 신입 사원들을 양성하여 그들이 성장하는 것을 보다
- to oversee all aspects of computer-based testing 컴퓨터 기반 시험의 전체를 감독한다(= watch over, supervise)
- to provide us with a constant flow of information 우리들에게 끊임없이 정보를 쏟아내 주다

- to qualify as an architect 건축가로서의 자격을 갖추다
- to reignite the controversy over the issue 그 문제에 관한 논란을 재점화하다
- to release a statement confirming their plans 그들의 계획을 확인해 주는 성명을 발표하다
- to remain mindful of those around you 당신 주변의 사람들을 배려하다
- to resign from the position, effective next Monday 다음 주 월요일 부로 사임하다

- to resist the pull of the smartphone 스마트폰을 하고 싶은 유혹에 저항하다
- to run an extensive promotion 대대적인 홍보를 펼치다
- to run the risk of being sued for malpractice 의료 과실(배임 등 위법 행위)로 소송 당할 위험 부담을 지다
- to secure your spot in the program, pay now 프로그램에 당신 자리를 확보하기 위해 지금 납부하세요
- to see the remainder of the topic for details 자세한 내용을 알기 위해 그 항목의 나머지 부분을 참조하다

토익 빈출 어휘와 표현 (7)

- **to seek** an external review from a third-party 제 3자의 외부 검토를 모색하다
- **to serve as** the project's new coordinator 그 프로젝트의 새 코디네이터로 근무하다
- **to set forth a vision** that will **expand the bilateral partnership** 쌍방향 동반자 정신을 확장할 비전을 제시하다
- **to set per-product shipping rates** 제품 당 운송료를 정하다
- **to set up a reciprocal** arrangement 상호 협정을 체결하다

- **to sign up to receive** periodic updates 정기 업데이트를 받기 위해 등록하다
- **to solidify his position as** an action hero 액션 배우로서의 위상을 굳히다
- **to speak** beyond the allotted 50 minutes 할당된 50분을 넘겨 말하다
- **to vouch for their quality** 그것들의 품질을 보증하다
- **tools** that make it easy to install 설치를 쉽게 해주는 도구

- two **handfuls of** coins 양손 가득한 동전
- two **spoonfuls of** peanut butter 땅콩 버터 두 숟가락
- **to switch** from corn to rice **as a staple commodity** 옥수수에서 쌀로 주요 산물이 바뀌다
- **under every disadvantage** 모든 역경 속에서
- **under the optimum(= optimal) condition** 최상의 조건에서

- **upon hearing** fire alarm 화재 경보를 듣자마자
- **viewer caution** is advised 시청자에게 주의를 주도록 권고받다
- weight entered **exceed the maximum** 입력한 무게가 최대치를 초과하다
- where to **get a hold of** the recipe 그 레시피를 어디서 구하는지 (= find)
- your **claim is invalid** 너의 주장은 무효다

- the **cost of upkeep** is tremendous 유지 보수비가 엄청나다
- the figure **foreshadows** an **impending** financial crisis 그 수치는 눈 앞에 닥친 재정 위기를 예고한다
- in the foreseeable future 가까운 장래에
- **ultimately profitable** ways 궁극적으로 이익을 내는 방식들
- ticket prices **vary depending on** the time of year 연중 어느 때인가에 따라 표가격이 다양하다

- **to undergo extensive renovations[a dramatic change]** 광범위한 보수 공사를 시행하다[극적인 변화를 겪다]
- **without any extraordinary precaution** 어떤 특별한 예방 조치 없이
- **to take extreme measures to conserve** energy 에너지 보존을 위한 특단의 조치를 취하다
- **to assign the project to** Jane 그 일을 Jane에게 맡기다
- **during regular business hours on weekdays** 평일 정규 근무 시간에

토익 빈출 어휘와 표현 (8)

** the responses will remain confidential[anonymous] 응답은 기밀[익명]이다
** drastic measures[changes, actions] will take place 과감한 조치[변화, 행동]이 있을 것이다
** with further rounds of workforce downsizing predicted 더 많은 인력 감축(고용 조정)이 예견되는 가운데
** when defective parts result in a car accident 결함 부품으로 인해 자동차 사고가 났을 때
** an exacerbation of injuries arising out of an accident 사고로 인한 부상의 악화

** to seek exemplary damages against the newspaper 신문사를 상대로 징벌적 손해배상을 시도하다
** exemplary leadership skills[performances] 모범적인 지도력[성과, 실적, 공연]
** to blame his violence on drinking[me] 그의 폭력이 술[나] 때문이라고 탓하다[비난하다]
** to give away the remainder 나머지를 버리다
** during the remainder of that day[this week, the year] 그날[이번 주, 그 해]의 나머지 동안

** to demand collaborative work, role allocation and sharing 협력작업, 역할 분담과 공유를 요구하다
** prior to the onset of disease[old age, winter] 질병[노년, 겨울]의 시작에 앞서
** a steady stream[flow, trickle, pace] of traffic 교통의 꾸준한 흐름
** took up[picked up] the story where Jane had left off Jane이 하다 그만둔 이야기를 이어서 했다
** at a conservative estimate[guess] 낮춰 잡아도

** to be reduced by cuts in grants 보조금의 삭감으로 인해 감소하다
** to be granted a 20% rise 20%의 인상을 혜택받다
** to allow them more leeway to make their own decisions 그들에게 결정할 수 있는 재량권을 더 주다
** to reveal more information as to his whereabouts 그의 행방(소재)에 관해 더 많은 정보를 밝히다
** to show great reluctance to reveal information 정보를 밝히기를 아주 꺼리다

** to shed light on the causal nexus between the two 그 둘 사이의 인과 관계를 밝히다(해명하다)
** to have never been officially acknowledged by them 그들이 ~을 공식적으로 인정한 적이 없다
** my colleagues(= coworkers, workmates) / staff / business associates 내 직장 동료 / 직원 / 사업 동료
** to take a leading role in demanding ~ ~을 요구하는데 있어 선도적 역할을 하다
** wide discrepancies between the prices 가격들 간의 큰 차이들[불일치]

** to fail to comply with the law 법을 따르지 않다
** to be coming up for renewal at the end of this year 연말에 (계약) 갱신이 다가오다
** to overhaul the health care system 의료 서비스 시스템을 정비하다
** to be based on a false premise 잘못된 전제에 근거하다
** to question the premise that they were innocent 그들이 무죄라는 전제를 의심하다

토익 빈출 어휘와 표현 (9)

- to **collaborate on** the project with him 그와 프로젝트를 공동으로 작업하다
- the offer is **only applicable to bookings for** double rooms 그 제안은 더블룸 예약에만 적용된다
- sales figures are **lagging behind** last year's by 30 percent 판매량이 작년도에 비해 30% 떨어지고 있다
- to **come close to breaking even** 거의 손익분기점에 다다를뻔 하다
- **in stark** (= marked, sharp)**[odd contrast to]** ~ ~ 이전 방식과는 극명하게[묘하게 대조적으로]

- his grades are **twice as high as his predecessor's** 전임자보다 그의 점수가 두 배 높다
- the product **hardly requires any servicing** 이 제품은 사후 정비(수리, 서비스)가 거의 필요 없다
- it needs **less / regular servicing** 그것은 사후 수리의 필요성이 적다 / 정기적인 점검(수리)가 필요하다
- **high standards of customer service** 높은 수준의 고객 서비스
- to **service the recent surge in demand** 최근 급증하는 수요에 대응하다

- she **ran** a restaurant in Boston 그녀는 보스턴에서 식당을 운영했다
- the hotel is **well-run** and **extremely popular** 그 호텔은 잘 운영되고 있고 아주 인기가 있다
- a **spacious and thriving family-run** restaurant in Seoul 서울에 있는 널찍하고 붐비는 가족 운영 식당
- the bus doesn't **run on Sundays** 일요일에는 그 버스가 운행하지 않는다
- when ink / the supply is **running low** 잉크 / 공급이 떨어져 가면 (※ We're running low on ink.)

- it has increased **substantially**(= **considerably**) in recent years 최근 그것이 상당히 증가했다
- hard to **differentiate** one sample **from** another 두 개의 샘플을 구별하기 힘든
- a policy which **discriminates**(= **differentiate**) **between the two** 그 둘을 차별하는 정책
- **a viable alternative[proposition, option, strategy]** 성공할 수 있는 대안[제안, 선택, 전략]
- to **take into account** that the plan can **pose** a problem 그 계획이 문제를 일으킬 수 있다는 점을 고려하다

- a plane with ten people **on board**(= **aboard**) 10명이 탑승한 비행기
- it is subject to periodic review 그것은 정기적으로 검토해야 한다
- to **meet periodically** to discuss progress 진전 상황을 토의하기 위해 주기적으로 만나다
- to **cut back carbon emissions[private education spending]** 탄소 배출[사교육비]을 줄이다
- to **cut back on**(= **cut down on**) **food[staff, workload, sweets]** 음식[직원, 업무량, 당분]을 줄이다

- **at your earliest possible convenience** 당신에게 편한 빠른 시간에
- an **extended warranty to cover any damages or malfunctions** 손상이나 불량을 보상해줄 연장 보증
- to **eliminate the need[possibility, risk]** 필요[가능성, 위험 부담]를 제거하다
- to **eradicate poverty[inflation, illiteracy]** 빈곤[인플레이션, 문맹]을 퇴치하다
- the **impending** crisis[disaster, chaos, eviction, change] 임박한 위기[재앙, 혼란, 퇴출, 변화]

토익 빈출 어휘와 표현 (10)

- to be accused of negligence in carrying out safety procedures 안전 절차 이행의 태만으로 고발되다
- failure to wear a seat belt is contributory negligence 안전띠 미착용은 조성 과실이다
- a material made from recycled plastic containers 재활용 플라스틱 용기로 만든 재료
- the latest item to be made from eco-friendly materials 친환경 재료로 만든 최신 물품
- to express a willingness to transfer to New York New York으로 전근할 의향을 피력하다

- to suggest placing a trial order 시험 주문해 볼 것을 제안하다
- at no extra cost / at one's expense 추가 비용 없이 / ~의 부담으로
- to pursue agricultural[financial self-sufficiency] 농업 자급자족[재정 자립]을 추구하다
- a major[significant] source of revenue 주된[중요한] 세입원
- remarkable profits[feat, achievement, accomplishment] 놀라운 수익[개가, 업적, 성취]

- it will have(= cause) a negative impact / effect on us 그것은 우리들에게 부정적 영향을 미칠 것이다
- an expert in transportation for perishable commodities 잘 상하는 물품 운송 전문가
- distinguishing[typical, redeeming] features 확연한[대표적인, (결점을 보완할 만한) 장점이 있는] 특징들
- exceptional circumstances[talents, quality, achievements] 특출한[이례적인] 환경[재능, 질, 업적]
- easily[readily, conveniently] accessible to everyone 모두가 쉽게[수월하게, 편리하게] 접근할 수 있는

- he was paid compensation 그는 보상을 받았다
- a performance-related remuneration system 성과 보상급 제도
- to follow it up with a phone call 그것의 후속(조치)로 전화를 걸다
- in follow-up research[treatment, visits] 후속 연구[치료, 방문]
- to follow up on an email message I sent to you 당신에게 보냈던 이메일의 후속으로 보내다

- to grow from a small startup to a large corporation 작은 창업 기업에서 대기업으로 성장하다
- the company is highly attentive to customers' needs 그 회사는 고객의 필요에 아주 신경 쓴다
- no specific[his passing reference] was made 특별한 언급이 없었다 / 그가 지나가는 말로 언급했다
- they must reference the order number 그(것)들은 주문번호를 반드시 표시해야 한다
- an extended analysis[trip, opportunity] 상세한 분석[장거리 여행, 확장된 기회]

- pursuant to the new regulations[your request] 새 규칙[당신의 요청]에 따라
- in accordance with(= in line with, in agreement with) your request 당신의 요청한 대로
- an impromptu(= unprepared) speech[party, meeting, concert] 즉흥적인 연설[파티, 회의, 연주회]
- to arrive at[seek, make, forge] a compromise 타협점(절충안)에 이르다[을 찾다, 에 이르다, 을 만들다]
- to meet regularly on a biennial basis 2년에 한번 꼴로 정기적으로 만나다 (※ biannual 연 2회)

저자 소개

김병렬
부산대학교 영어영문학과 학사
부산대학교 대학원 영문학 석사, The University of Alabama 미국학 석사
부산대학교 대학원 영문학 박사
영산대학교 교수

한영주
이화여자대학교 영어영문학과 학사
Temple University 영어교육학 석사
Temple University 영어교육학 박사
영산대학교 교수

김동국
부산대학교 영어영문학과 학사
부산대학교 대학원 영어학 석사
The University of North Carolina at Chapel Hill 언어학 박사
영산대학교 교수

가볍고 빠르게 넘기는 토익 파트5 공략

초판인쇄	2017년 11월 20일
초판발행	2017년 12월 15일
저자	김병렬, 한영주, 김동국
펴낸이	엄태상
책임 편집	이효리, 장은혜, 김효은
디자인	이건화
마케팅	이상호, 오원택, 이승욱, 전한나, 왕성석
온라인마케팅	김마선, 유근혜, 심유미
펴낸곳	랭기지플러스
주소	서울시 종로구 자하문로 300 시사빌딩
주문 및 교재 문의	1588-1582
팩스	(02)3671-0500
홈페이지	www.sisabooks.com
이메일	sisabooks@naver.com
등록일자	2000년 8월 17일
등록번호	1-2718호

ISBN 978-89-5518-425-9 (13740)

* 이 책의 내용을 사전 허가 없이 전재하거나 복제할 경우 법적인 제재를 받게 됨을 알려 드립니다.
* 잘못된 책은 구입하신 서점에서 교환해 드립니다.
* 정가는 표지에 표시되어 있습니다.

REVIEW TEST ANSWER SHEET

REVIEW TEST 1

NO.	ANSWER A B C D
1	ⓐ ⓑ ⓒ ⓓ
2	ⓐ ⓑ ⓒ ⓓ
3	ⓐ ⓑ ⓒ ⓓ
4	ⓐ ⓑ ⓒ ⓓ
5	ⓐ ⓑ ⓒ ⓓ
6	ⓐ ⓑ ⓒ ⓓ
7	ⓐ ⓑ ⓒ ⓓ
8	ⓐ ⓑ ⓒ ⓓ
9	ⓐ ⓑ ⓒ ⓓ
10	ⓐ ⓑ ⓒ ⓓ
11	ⓐ ⓑ ⓒ ⓓ
12	ⓐ ⓑ ⓒ ⓓ
13	ⓐ ⓑ ⓒ ⓓ
14	ⓐ ⓑ ⓒ ⓓ
15	ⓐ ⓑ ⓒ ⓓ
16	ⓐ ⓑ ⓒ ⓓ
17	ⓐ ⓑ ⓒ ⓓ
18	ⓐ ⓑ ⓒ ⓓ
19	ⓐ ⓑ ⓒ ⓓ
20	ⓐ ⓑ ⓒ ⓓ

REVIEW TEST 2

NO.	ANSWER A B C D
1	ⓐ ⓑ ⓒ ⓓ
2	ⓐ ⓑ ⓒ ⓓ
3	ⓐ ⓑ ⓒ ⓓ
4	ⓐ ⓑ ⓒ ⓓ
5	ⓐ ⓑ ⓒ ⓓ
6	ⓐ ⓑ ⓒ ⓓ
7	ⓐ ⓑ ⓒ ⓓ
8	ⓐ ⓑ ⓒ ⓓ
9	ⓐ ⓑ ⓒ ⓓ
10	ⓐ ⓑ ⓒ ⓓ
11	ⓐ ⓑ ⓒ ⓓ
12	ⓐ ⓑ ⓒ ⓓ
13	ⓐ ⓑ ⓒ ⓓ
14	ⓐ ⓑ ⓒ ⓓ
15	ⓐ ⓑ ⓒ ⓓ
16	ⓐ ⓑ ⓒ ⓓ
17	ⓐ ⓑ ⓒ ⓓ
18	ⓐ ⓑ ⓒ ⓓ
19	ⓐ ⓑ ⓒ ⓓ
20	ⓐ ⓑ ⓒ ⓓ

REVIEW TEST 3

NO.	ANSWER A B C D
1	ⓐ ⓑ ⓒ ⓓ
2	ⓐ ⓑ ⓒ ⓓ
3	ⓐ ⓑ ⓒ ⓓ
4	ⓐ ⓑ ⓒ ⓓ
5	ⓐ ⓑ ⓒ ⓓ
6	ⓐ ⓑ ⓒ ⓓ
7	ⓐ ⓑ ⓒ ⓓ
8	ⓐ ⓑ ⓒ ⓓ
9	ⓐ ⓑ ⓒ ⓓ
10	ⓐ ⓑ ⓒ ⓓ
11	ⓐ ⓑ ⓒ ⓓ
12	ⓐ ⓑ ⓒ ⓓ
13	ⓐ ⓑ ⓒ ⓓ
14	ⓐ ⓑ ⓒ ⓓ
15	ⓐ ⓑ ⓒ ⓓ
16	ⓐ ⓑ ⓒ ⓓ
17	ⓐ ⓑ ⓒ ⓓ
18	ⓐ ⓑ ⓒ ⓓ
19	ⓐ ⓑ ⓒ ⓓ
20	ⓐ ⓑ ⓒ ⓓ

토익 파트5 공략

정답 및 해설

랭기지플러스

Chapter 1 영어 문장의 구조

Sample Question 1   p. 8

1. 정답 (A)

해석
그는 이 카메라를 처음 사용할 때 매우 도움이 된다는 것을 알게 될 것이다.

정답 찾아가기
① 접속사 when + 주어 + 동사 구문이다.
② 부사절에서는 미래 시제 대신 현재 시제를 쓴다.
③ 주어가 3인칭 단수이므로 (D)는 오답이다.

2. 정답 (D)

해석
사람들이 소통의 수단으로 이메일을 사용하는 데 더 익숙해질 듯 하다.

정답 찾아가기
주어 자리에 들어갈 가주어 It을 찾아야 한다.

어휘
be likely that + 주어 + 동사 ~할 것으로 보이다

3. 정답 (B)

해석
그들의 취향에 어필하는 것은 효율적인 전략이다.

정답 찾아가기
주어 자리에 맞는 준동사의 형태를 찾아야 한다.

어휘
consider A + B A를 B로 간주하다
(여기서는 수동형인 A is considered B로 쓰임)

Sample Question 2   p. 9

1. 정답 (A)

해석
새 모델은 로비에 전시될 것이다.

정답 찾아가기
조동사 다음에는 동사원형을 쓴다.

어휘
be on display 전시되(어 있)다

2. 정답 (B)

해석
그것을 제출하기 전에 마지막 페이지의 체크리스트를 검토해 보세요.

정답 찾아가기
① 접속사 다음에는 주어 + 동사, 또는 분사를 쓴다.
② before를 전치사로 간주하면 동명사 submitting을 써야 한다.

어휘
submit (서류를) 제출하다

3. 정답 (C)

해석
고객 최우선주의는 왜 필수적인가?

정답 찾아가기
주어 자리에 들어갈 가주어 it을 찾아야 한다.

어휘
essential 필수적인

Sample Question 3   p. 10

1. 정답 (C)

해석
그러한 기술적 문제가 발생할 때 대처할 수 있도록 준비해야 한다.

정답 찾아가기
① 접속사 when + 주어 + 동사 구문이다.
② 부사절에서는 미래 시제를 나타낼 때 현재 시제로 쓴다.
③ 목적어가 없으므로 자동사가 들어가야 한다.

어휘
rise 자 뜨다 | **raise** 타 올리다, (문제 등을) 제기하다 | **arise** 자 발생하다(= happen, occur, take place)

2. 정답 (A)

해석
어떤 때에는 사업하는 사람은 모두 화가 난 고객들을 잘 다루어야 한다.

정답 찾아가기
① 의미상, 문법적으로 맞는 답을 찾아야 한다.
② '다루다, 처리하다'의 의미가 적절하며 전치사 with가 있으므로 deal이 정답이다.
③ handle은 타동사이므로 with가 없어야 하고 take care은 of가 있어야 한다.

어휘
upset 화난 | comply with ~에 부합하다, 맞추다, 따르다

3. 정답 (A)

해석
물가는 내년에 급격히 상승할 것이다.

정답 찾아가기
주어 + 동사 + 부사구 형태에 어울리는 자동사를 찾아야 하며 비슷한 모양의 동사들의 뜻을 구분해야 한다.

어휘
price 물가 | rise 오르다 | raise ~을 올리다 | arise 발생하다 | arouse 불러일으키다

Sample Question 4   p. 11

1. 정답 (B)

해석
우리 웹사이트의 주소는 변경되지 않는다는 점을 알려드립니다.

정답 찾아가기
① 2형식 동사 remain 다음에 알맞은 보어 형태를 찾아야 한다.
② URL은 변경되지 않으므로 과거분사형인 unchanged가 정답이다.

2. 정답 (A)

해석
너는 세금 공제를 받을 자격이 있을지도 몰라. 그러면 소득으로 결정됐던 총액이 줄어드는 거야.

정답 찾아가기
be + 형용사 + for 구문에 맞는 형용사를 찾아야 한다.

어휘
deduction 공제 | reduce 줄이다, 축소시키다 | amount 총계, 총액 | be eligible for + 명사[to + 동사] ~(할) 자격이 있다

3. 정답 (D)

해석
우리의 목표는 호주 기업의 성과와 잠재력을 극대화함으로써 보다 나은 호주를 창조하는 것이다.

정답 찾아가기
① 주어 + 동사 + 보어(2형식) 구조에 알맞은 보어를 찾아야 한다.

② 동명사(creating) 또는 to부정사(to create)가 정답이다.

어휘
maximise 극대화하다 | outcome 성과, 결과물 | potential 잠재력

Sample Question 5   p. 12

1. 정답 (B)

해석
그 파티에 참석하겠다고 신청한 근로자가 거의 없었다.

정답 찾아가기
파티를 목적어로 취하는 타동사를 찾아야 한다.

어휘
few 수가 많지 않은 | sign up 등록하다, 가입하다 | participate in ~에 참석하다 | attend ~에 참석하다 | go to ~에 가다 | arrive at ~에 도착하다

2. 정답 (A)

해석
그들에게 너의 의견을 확신시켜 줄 설득력 있는 편지를 써라.

정답 찾아가기
동사 + A of B의 구문으로 쓰이는 동사를 찾아야 한다.

어휘
persuasive 설득력이 있는 | convince A of B A에게 B를 확신시키다 | propose[submit] A to B A를 B에게 제안하다[제출하다] | provide A with B A에게 B를 제공하다 | provide A for B A를 B에게 제공하다

3. 정답 (C)

해석
다양한 이유로 우리들의 의료기록에 접근할 수 있도록 허락을 받은 기관들이 수십 개나 있다.

정답 찾아가기
our medical records를 목적어로 쓰는 동사를 찾아야 한다.

어휘
dozen 12개 묶음, 한 다스 | dozens of + 복수 명사 수십개의 ~ | organization 기관, 단체 | legally 합법적으로, 법적으로 | medical record 의료 기록 | a variety of + 복수 명사 다양한 ~

Sample Question 6   p. 13

1. 정답 (B)

해석
책임자가 내일 우리들에게 할 일을 지정해 줄 것이다.

정답 찾아가기
동사 + us + something은 4형식 문장 구조이므로 4형식 동사를 찾아야 한다.

어휘
explain A (to B) A를 B에게 설명해 주다(explain은 3형식 동사) | **assign A B** A에게 B를 배정하다[맡기다] | **attribute A to B** A를 B의 탓[덕]으로 돌리다 | **announce A (to B)** B에게 A를 발표하다

2. 정답 (D)

해석
여러분들의 인생에서 가장 의미있는 날들을 여러분께 드릴 것을 약속합니다.

정답 찾아가기
you는 간접 목적어, one of the ~ life가 직접 목적어이므로 4형식으로 쓰이는 동사를 찾아야 한다.

어휘
meaningful 의미있는

3. 정답 (C)

해석
Dan Clara와 Scott Littau는 고객들에게 이 경매가 대성공일 것이라고 확약하기 위해 그들 각자의 경험을 서로 공유할 것이다.

정답 찾아가기
직접 목적어로 that절을 사용할 수 있는 4형식 동사를 골라야 한다.

어휘
refurbish 새로 단장하다 | **obligate** 강요하다(5형식 동사이며 주로 수동형인 be obligated to + 동사의 형태로 쓰임) | **assure** 장담하다, 확약하다 | **detail** 명 세부 사항 동 상세히 밝히다

Sample Question 7   p. 14

1. 정답 (A)

해석
우리는 운전자들에게 건널목에 다가가면 속도를 줄이도록 권고한다.

정답 찾아가기
① 목적격 보어로 to부정사(to reduce)를 취하는 동사를 찾아야 한다.
② (B), (C), (D)는 사역동사이므로 목적격 보어로 동사원형을 취한다.

어휘
approach ~에 다가가다 | **crossing** 건널목

2. 정답 (C)

해석
일부 지정 장소는 참가자들이 관람할 수 없다.

정답 찾아가기
목적격 보어로 to부정사를 취하는 동사를 찾아야 한다.

어휘
designated 지정된

3. 정답 (B)

해석
조립 라인에 문제가 생겨서 근로자들이 하루 쉬도록 허용했다.

정답 찾아가기
목적격 보어 자리에 들어갈 to부정사를 찾아야 한다.

어휘
assemble 조립하다 | **assembly line** 조립 라인 | **permit A to B** A가 B하도록 허락하다 | **take a day off** 하루 쉬다

Sample Question 8   p. 15

1. 정답 (A)

해석
환경 단체들은 그 회사가 책임을 인정해야 한다고 요구했다.

정답 찾아가기
주장, 제안 요구 등의 동사가 쓰인 문장의 that절에서는 수, 시제에 관계없이 동사를 원형으로 쓴다.

어휘
environmental 환경의 | **demand** 요구하다 | **admit** (사실임을) 인정하다

2. 정답 (A)

해석
위원회는 그가 가격 인상에 관한 질문에 답해야 한다고 강

력하게 권고하였다.

정답 찾아가기
주장, 제안, 요구 등의 동사가 쓰인 문장의 that절에서는 수, 시제에 관계없이 동사를 원형으로 쓴다.

3. 정답 (D)

해석
대통령 후보들은 소셜 미디어에 더 많이 노출되고자 경쟁하고 있다.

정답 찾아가기
compete for의 목적어 자리에 필요한 명사를 찾는 문제다.

어휘
presidential 대통령의 | **candidate** 후보 | **compete for** ~를 위해 경쟁하다 | **expose** 폭로하다 | **expose A to B** A를 B에 노출시키다 | **exposure** 노출

Sample Question 9 p. 16

1. 정답 (B)

해석
그들은 핵심 종업원들을 잡아두기 위한 방법으로 탁월한 혜택을 제공하고 있다.

정답 찾아가기
목적어 자리에 필요한 명사를 찾는 문제다.

어휘
retain 유지하다, 함유하다 | **key employee** 핵심 종업원 | **benefit** 명 혜택, 이득 동 혜택을 입다, 이득을 보다 | **beneficial** 유익한, 이익이 되는

2. 정답 (A)

해석
새 시스템은 온라인으로 물건을 더 쉽게 구입하는 데 실패했다.

정답 찾아가기
진목적어(to purchase ~)가 있으므로 가목적어를 찾는 문제다.

어휘
fail to부정사 ~하는 데 실패하다 | **purchase** 구매하다

3. 정답 (C)

해석
매매 과정에서 어떤 지연도 없을 것입니다.

정답 찾아가기
전치사 in 다음에 올 수 있는 형태(동명사)를 찾는 문제다.

어휘
experience 겪다, 경험하다 | **delay** 지연, 늦어짐 | **in ~ing** ~하는 데 있어 | **transaction** 매매, 금융 거래 | **procedure** (통상적인) 절차, 수순 | **process** 명 (목적 달성을 위한) 과정 동 처리하다 | **proceed** 진행하다, 계속해 나가다

Sample Question 10 p. 17

1. 정답 (B)

해석
Javia People Engine은 성명, 전화번호, 이메일 주소로 검색이 가능하다.

정답 찾아가기
주격 보어 역할을 하는 형용사를 찾아야 한다.

어휘
search 찾다, 검색하다 | **searchable** 검색이 가능한

2. 정답 (B)

해석
고객의 기대치를 이해하면 고객 만족도를 높이는 데 도움이 될 수 있다.

정답 찾아가기
help는 5형식 동사로 원형부정사(또는 to부정사)를 목적격 보어로 쓴다.

어휘
expectation 기대(치) | **customer satisfaction** 고객 만족도 | **increase** 증가하다, 늘리다

3. 정답 (B)

해석
전자 상거래로 (사업을) 다양화했음에도 불구하고 Edge Printing은 수십 년간 자신을 지지해온 고객들에게 변함없이 충실했다.

정답 찾아가기
자동사 remain에 적합한 주격 보어인 형용사를 찾는 문제다.

어휘
despite ~에도 불구하고(= in spite of) | **diversify** 다양화하다 | **e-commerce** 전자 상거래 | **support** 지지하다, 도와주다 | **decade** 10년 | **loyal** 충성스러운, 충실한

Sample Question 11   p. 18

1. 정답 (B)

해석
좋은 자격을 갖춘 학생들이 그 회사에서 근무하기 원한다.

정답 찾아가기
명사를 수식하는 형용사구와 관련있는 문제로 자격을 갖추는 것이므로 소유의 의미가 있는 with가 정답이다.

어휘
qualification 자격

2. 정답 (B)

해석
다양한 주제를 다루고 있는 무료 안내표는 자료 센터에서 얻을 수 있다.

정답 찾아가기
① cover의 올바른 형태를 찾는 문제다.
② 안내표가 다양한 주제를 다루고 있으므로 sheets와 cover는 능동의 관계이기 때문에 ing형을 쓴다.

어휘
advice sheet 조언 책자, 안내표 | a range of + 복수명사 (분야가) 다양한 ~ | pick up 얻다, 데려오다

3. 정답 (B)

해석
그녀는 첫 여성 국무장관이었다.

정답 찾아가기
명사 앞에 서수가 있을 때 to부정사로 그 명사를 수식한다.

어휘
as Secretary of State (미국) 국무장관으로서

Sample Question 12   p. 19

1. 정답 (B)

해석
그 고객이 주문한 상품은 재고가 없다.

정답 찾아가기
고객이 상품을 주문하고 상품은 주문되는 것이므로 p.p. 형태가 정답이다.

어휘
merchandise 물품, 상품 | out of stock 재고가 없음, 품절(↔ in stock)

2. 정답 (A)

해석
그는 필요한 안전 통제 수단을 명시할 능력을 갖춘 종업원 중 한 명이다.

정답 찾아가기
employees who are capable of specifying ~ 구문에서 주격 관계대명사와 be동사를 생략한 문장 구조이다.

어휘
specify 명시하다 | necessary 필요한 | safety 안전 | control measure 통제 수단

3. 정답 (B)

해석
3천 명을 고용하고 있는 한 화학 회사가 도산했다.

정답 찾아가기
a chemical company which employs ~ 구문에서 보듯 company와 employ는 능동의 관계이므로 ing형을 쓴다.

어휘
chemical 화학의 | go bankrupt 도산하다

Sample Question 13   p. 20

1. 정답 (B)

해석
소비자들이 일단 어느 제품에 익숙해지면 불만은 급격히 줄어든다.

정답 찾아가기
두 문장이 연결되어 있으므로 빈칸은 접속자 자리다.

어휘
once 쥅 (한 번, 일단) ~하게 되면 | rarely 드물게, 좀처럼 ~않다

2. 정답 (A)

해석
그들을 납득시키기 위해 어떤 것을 행하든 성공의 가능성은 높아진다.

정답 찾아가기
① whatever는 you can do의 목적어이다.
② 따라서 빈칸은 부사구 자리이며 목적(~하기 위하여)을 나타내는 to부정사가 정답이다.

구문 해설
will increase의 주어는 복합관계대명사절인 Whatever you can do to convince them이다.

어휘
whatever 어떤 모든 ~것 | increase 높이다, 증가시키다[하다] | chance of success 성공 가능성 | convince 설득하다, 납득시키다

3. 정답 (B)

해석
항공 산업은 최근의 경기 침체와 과도한 할인 정책으로 피폐해졌다.

정답 찾아가기
by A and B(A와 B에 의해)의 구조이다.

어휘
airline industry 항공 산업 | debilitate (심신을) 약화시키다 | in addition to ~에 더하여

Practice Test 1   p. 21

101. 정답 (D)

해석
San Juan 섬 여행 예약은 예외 없이 24시간 전에 해야 한다는 점을 아셔야 합니다.

정답 찾아가기
① 주어 자리를 찾는 문제다.
② should be made가 동사이며 이와 잘 어울리는 명사는 reservation이다.

어휘
make a reservation 예약하다 | 24 hours ahead 24시간 전에 | without exception 예외 없이

102. 정답 (A)

해석
Madison과 Milwaukee를 운행하는 Badger 버스는 주말과 공휴일을 포함하여 일년 내내 매일 운행합니다.

정답 찾아가기
① 주어 service에 알맞은 동사를 찾아야 한다.
② 주어 + 동사 + 부사구의 문장 구조이다.
③ 버스 운행에 관한 사실을 알리는 것이므로 현재 시제가 자연스러우며, 주어가 3인칭 단수이다.

어휘
operate 작동되다, 운용되다

103. 정답 (C)

해석
Gregas 박사는 각자의 요구에 맞는 최상의 치료를 받을 수 있다는 것을 환자들에게 보장한다.

정답 찾아가기
① ensure that 주어 + 동사의 구문으로 여기서는 that이 생략되었다. (ensure는 5형식으로 쓰이지 않음)
② each는 항상 단수 취급하므로 (A)는 오답이다.
③ best suited 이하는 treatment를 수식하는 형용사구이다.

어휘
ensure (that) 주어 + 동사 반드시 ~하도록 하다, 보장하다 | patient 환자 | treatment 치료 | suit ~에 맞다, 어울리다 | be suited to ~에 적합하다 | individual 각각의, 개개인의 | needs 요구

104. 정답 (C)

해석
15-55mm 렌즈를 장착한 친사용자 DSLR 카메라 Reno Nex-7000은 선명하고 생생한 이미지를 창출합니다.

정답 찾아가기
① 주어 + 동사 + 목적어 문형으로 알맞은 동사를 찾는 문제다.
② (A), (B), (D)는 모두 자동사이므로 목적어를 가지지 못한다.

어휘
result in[from] ~한 결과를 낳다[~에서 기인하다] | create 창조하다, 창출하다 | arise 발생하다

105. 정답 (C)

해석
언니인 Ann이 다음 주에 있을 저녁 일정을 확인하기 위해 전화를 걸었을 때 Stacey는 새 프로젝트를 처리하느라 근무 중이었다.

정답 찾아가기
① 부사절에서 주어 다음에 올 동사를 찾아야 한다.
② 과거 시점의 일이므로 called가 정답이다.

어휘
be at work 근무 중이다, 작용되고 있다

106. 정답 (B)

해석
벌칙 또는 다른 심각한 결과를 피하기 위해 시간을 내어 법과 규정을 면밀히 살펴볼 필요가 있습니다.

정답 찾아가기

① It ~ to부정사 구문으로 the laws and regulations를 목적어로 취하는 타동사 자리이다.
② to avoid 이하는 부사구(~위하여)이다.

어휘
be worth + 명사 ~할 가치가 있다 | **comply** 따르다, 준수하다 | **research** ~를 연구하다 | **refrain from** ~하는 것을 삼가다 | **prohibit** ~를 금하다 | **prohibit A from B** A가 B(명사, 동명사)하는 것을 금하다

107. 정답 (B)

해석
당신의 여권이 내년 7월 30일에 만료된다는 걸 확인하십시오.

정답 찾아가기
① 주어 + 동사 + 부사구(1형식) 구문이다.
② 의미상 가장 적절한 expire가 정답이다.

어휘
expire (기간, 효력이) 만료되다 | **collaborate** 협력하다, 공동으로 작업하다 | **complete** 완성하다

108. 정답 (D)

해석
안전에 민감한 산업 분야의 사업체들은 추가적인 규칙과 규정에 따라야 한다.

정답 찾아가기
be subject to + 명사 구문이다.

어휘
organization 기관, 단체 | **additional** 추가적인 | **rules and regulations** 규칙과 규정

109. 정답 (A)

해석
지역 사회 구성원들의 거듭된 요청에도 불구하고 시의회는 옛 도서관의 재건축을 위한 자금을 할당하지 않았다.

정답 찾아가기
① 주어 + 동사 + 목적어 문형에서 fund와 어울리는 동사를 찾아야 한다.
② yet은 부정문과 의문문에서 '아직'의 뜻으로 쓰이는 부사이다.

어휘
allocate 할당하다, 배분하다 | **initiate** 개시하다, 시작하다 | **purchase** 구매하다 | **revise** 개정하다, 수정하다

110. 정답 (A)

해석
우리의 임무는 전 세계에서 삶의 질을 개선하는 데에 헌신할 다문화 글로벌 단체를 만드는 것이다.

정답 찾아가기
① 주어 + be동사 + 보어(2형식) 문형에 알맞은 보어를 찾아야 한다.
② 주어진 보기에서 보어 역할을 하는 준동사는 동명사인 building이다.

구문 설명
a multi-cultural global organization (which will be) dedicated to improving the quality of life worldwide 처럼 주격 관계대명사와 be동사가 생략되고 과거분사인 dedicated to ~가 organization을 수식하는 형용사구 구문이다.

어휘
mission 임무 | **multi-cultural** 다문화의 | **organization** 조직, 단체, 기구 | **dedicate (oneself) to + 동명사** ~에 헌신하다

Practice Test 2   p. 22

101. 정답 (B)

해석
그 CEO는 R&D부서의 신입 사원들은 필요한 경우 휴일에도 근무해야 한다고 제안했다.

정답 찾아가기
① suggest는 목적어로 that절을 취한다.
② that절 다음에는 주어 + 원형동사 구문이 온다.
(suggest + the new employees + to work는 잘못된 구문)

어휘
employee 사원, 직원 | **if necessary** 필요하면

102. 정답 (C)

해석
그가 전액 환불을 요구했을 때 고객서비스 담당 직원이 개정된 환불 정책에 대해 설명했다.

정답 찾아가기
① refrain + from, prevent + from, explain + 목적어가 적절한 구문이다.
② sustain은 '지탱하다'라는 의미로 빈칸에 적합한 어휘가 아니다.

어휘
return 반환, 환불 | **refrain from** ~을 삼가다 | **prevent from** ~

을 금지하다

protective gear 보호 장비

103. 정답 (C)

해석
Max가 그 프로젝트를 조심스럽게 기획하고 실행했기 때문에 우리는 그의 프로젝트를 이사회 임원들에게 보내기로 선택했다.

정답 찾아가기
choose는 to부정사를 목적어로 취한다.

어휘
implement 실행하다 | carefully 조심스럽게 | board memeber 이사회 임원

104. 정답 (A)

해석
David는 분기 판매 보고서 작성을 완료할 때까지 상사를 만나는 것을 피할 것이다.

정답 찾아가기
avoid는 동명사를 목적어로 취한다.

어휘
supervisor 관리자 | quarterly 분기별

105. 정답 (D)

해석
만약 네가 서비스업에서 경력을 추구할 것을 고려한다면, 외국어로 소통하는 기술을 꼭 익혀야 한다.

정답 찾아가기
consider는 동명사를 목적어로 취한다.

어휘
pursue a career 경력을 추구하다 | hospitality industry 서비스업

106. 정답 (D)

해석
그 회사의 규정은 모든 직원들이 공사 현장에 들어가기 전에 보호 장비를 착용할 것을 요구한다.

정답 찾아가기
① before는 전치사로 목적어를 취한다.
② 준동사 중 전치사의 목적어로 사용할 수 있는 형태는 동명사이다.

어휘

107. 정답 (B)

해석
두 명의 참가자 모두 공연을 아주 잘해서 심사자들은 그 대회 우승자를 결정하는 것이 어렵다는 것을 알았다.

정답 찾아가기
① find + it + 목적격 보어 구문(5형식)이다.
② 목적어가 긴 경우 가목적어 it를 사용하고 진목적어는 목적격 보어 뒤로 이동한다.

어휘
contestant 참가자 | judge 심사위원

108. 정답 (A)

해석
비록 회사의 재정 상태가 점점 악화되고 있었지만 우리는 그 문제를 해결하는 데에 한 가지 선택 사항을 발견했다.

정답 찾아가기
find + 목적어 구문으로 목적어로 사용할 수 있는 명사가 정답이다.

어휘
option 선택사항 | opt for ~을 선택하다 | optional 선택 사항의

109. 정답 (C)

해석
그 워크숍 강사는 사람들에게 자기 자신에게 자신감을 갖게 하는 방법을 가르쳐서 그들이 효과적인 발표를 하게 한다.

정답 찾아가기
① how to + 동사 구문으로 '~하는 방법'이라는 의미로 사용된다.
② have + 목적어 구문으로 적절한 어휘를 선택해야 한다.

어휘
motivation 동기부여 | competition 경쟁 | confidence 자신감 | responsibility 의무

110. 정답 (C)

해석
시민들은 어떤 상황에서도 그가 올바른 것을 하는 데에 헌신해 왔기 때문에 그를 시장으로 선출할 것이다.

정답 찾아가기
① be committed to + (동)명사 구문이다.
② to는 전치사로 쓰였기 때문에 뒤에 동사를 쓰지 않도록

주의한다.

어휘
under all circumstances 어떤 상황에서도

Practice Test 3   p. 23

101. 정답 (A)
해석
경쟁력을 유지하기 위해서 우리는 제품가격을 조정해야 한다는 권고를 받았다.

정답 찾아가기
become, grow, go, turn, fall, get, run, remain과 같은 불완전 자동사는 보어로 형용사를 사용한다.

어휘
adjust (약간) 조정하다 | competitive 경쟁력이 있는

102. 정답 (A)
해석
지난주부터 회계 정책의 변경이 실행됨으로써 많은 종류의 사무용품들이 다 떨어져가고 있다.

정답 찾아가기
불완전 자동사의 보어를 찾는 문제다.

구문 설명
accounting policies (which have been) in effect since last week와 같이 주격 관계대명사와 be동사가 생략되어 in effect since last week가 policies를 수식하는 형용사구 형태로 쓰인 구문이다.

어휘
run ~한 상태가 되다 | short 모자란, 짧은 | in effect 시행 중인

103. 정답 (D)
해석
Bergman 박사가 시청 프레젠테이션에서 하였던 비판은 요점에 부합하는 듯했다.

정답 찾아가기
불완전 자동사의 보어를 찾는 문제다.

어휘
criticism 비판 | relevant 적절한

104. 정답 (C)
해석
빈자리가 나는대로 첫 지원자에게 통보가 즉시 갈 것입니다.

정답 찾아가기
불완전 자동사의 보어를 찾는 문제다.

어휘
applicant 지원자 | notify A of B A에게 B를 알려주다 | vacant (일자리가) 비어 있는

105. 정답 (B)
해석
이번 달에 상대적으로 많은 주문을 받았다는 것을 감안할 때, 우리의 사무용품이 수요자들의 요구를 제대로 충족시키는 것 같다.

정답 찾아가기
보어를 보고 적절한 불완전 자동사를 찾는 문제다.

어휘
adequate (특정한 목적이나 필요에) 충분한, 적절한 | relatively 상대적으로

106. 정답 (C)
해석
이 새로운 시장에서 성공하기 위해서 우리는 직원들이 우수한 사업 마인드를 갖추게 되기를 기대합니다.

정답 찾아가기
형용사는 be동사의 보어로 사용되지만 주어의 종류나 형용사의 형태에 따라 의미를 혼동하기 쉬운 형용사들을 잘 구분해야 한다.

어휘
mind-set (습성이 된) 태도, 경향, 사고방식 | successive 연속적인 | successful 성공적인

107. 정답 (B)
해석
대기 시간이 줄어들면 귀하의 서비스가 소비자들의 관심을 끌 수 있을 것으로 나는 확신합니다.

정답 찾아가기
주어를 보충 설명해 주는 주격 보어와 마찬가지로, 목적어의 상태, 성질을 보충 설명하는 목적격 보어도 형용사를 사용한다.

어휘
reduction in ~에 대한 감소 | attractive 관심을 끄는, 매력적인

108. 정답 (D)

해석
어르신들이 건강 관련 이슈와 관심사에 관한 중요한 정보를 계속 얻을 수 있도록 우리는 출판물을 무료로 제공하고 있습니다.

정답 찾아가기
allow류의 5형식 동사는 to부정사를 목적격 보어로 사용한다.

어휘
free of charge 무료로 | allow A to B A가 B하는 것을 허용하다

109. 정답 (B)

해석
새로 생긴 부서의 부서장인 May씨는 우리 회사의 사업상의 거래를 모두 기록물로 작성하여 보관하는 데 전념해야 한다.

정답 찾아가기
① 수동형 문장으로 목적어인 Mr. May가 주어이다.
② be dedicated to ~의 구문에서 to는 전치사이므로 동명사를 써야 한다.

어휘
dedicate oneself to something[to doing] ~에 시간, 노력을 바치다, 전념하다 | archive 기록 보관소에 보관하다

110. 정답 (B)

해석
그 위원회 의장은 장애우들이 출입하기 쉽도록 회사 건물을 개축하는 것에 대하여 마침내 동의하였다.

정답 찾아가기
make + 목적어 + 목적격 보어로 쓰인 5형식 구문으로 make는 목적격 보어로 명사, 동사원형, 형용사를 취한다.

어휘
agree to ~에 대하여 동의하다 | renovate (건물을) 개축하다 | be accessible to ~에 접근하다

Practice Test 4   p. 24

101. 정답 (A)

해석
그것은 해외로부터 불공정한 경쟁에 직면한 미국 철강산업에 재정비할 수 있는 시간을 주기 위한 조치였다.

정답 찾아가기
① a measure를 수식하는 구를 찾는 문제다.
② 조치는 디자인 되는 것, 즉 수동의 관계이다.

어휘
reorganize 재정비하다 | in the face of ~에 직면하여 | abroad 해외에, 해외로

102. 정답 (C)

해석
다양한 주제를 다루고 있는 무료 책자와 안내표는 크롬웰 드라이브에 있는 자료 센터에서 얻을 수 있다.

정답 찾아가기
① 주어와 동사 사이에 수식구가 있다.
② cover가 앞의 명사를 수식하는 능동의 관계이다.

어휘
leaflet 얇은 책자 | a range of 다양한 분야에 걸친 | cover ~를 덮다, ~를 포괄하다, ~를 다루다

103. 정답 (D)

해석
11월 15일 마감일 이후에 접수되는 지원서는 예외없이 결격 처리된다.

정답 찾아가기
① 주어와 동사 사이에 수식구가 있다.
② receive와 applications는 수동의 관계이다.

어휘
application 지원서 | without exception 예외 없이 | process 명 과정 동 처리하다

104. 정답 (D)

해석
적어도 이틀 전에 홈페이지에서 사전 주문한 그 전시회의 표는 전자 발매된다.

정답 찾아가기
① 주어와 동사 사이에 수식구가 있다.
② tickets와 order는 수동의 관계이다.

어휘
at least 적어도 | in advance 미리 | issue (화폐, 우표, 입장권 등) 발행하다, 발매하다 | electronically 전자적으로, 컴퓨터로

105. 정답 (A)

해석
전자제품 판매량의 미증유의 급증에 따라 경제학자들은 일인당 전자기기 소지 비율이 자신들의 예측을 곧 넘어설 것이

라고 예상하고 있다.

정답 찾아가기
surge를 수식하는 구의 바른 형태를 찾는 문제다.

어휘
unprecedented 전례없는, 미증유의 | surge 급증 | economist 경제학자 | anticipate 예상하다 | device 기기 | device-to-person 일인당 기기 | ratio 비율

106. 정답 (D)

해석
키한 엔지니어링 회사는 폭우에도 도로가 침수되지 않고 안정될 수 있도록 설계된 최신 배수 장치를 개발했다.

정답 찾아가기
system과 design은 수동의 관계이다.

어휘
state-of-the-art 최첨단의 | drainage 배수 | stabilize 안정시키다 | heavy rain 폭우

107. 정답 (C)

해석
미코 컴팩-S700과 함께 제공되는 품질 보증과 기술 지원은 다음 주 7월 30일에 만료된다.

정답 찾아가기
① 주어(the warranty and technical support)와 동사(expire)사이에 수식구가 있다.
② 주어와 provide는 수동의 관계이다.

어휘
warranty 영장, 품질 보증(서) | expire (기간이) 만료되다

108. 정답 (A)

해석
반드시 사용 설명서에 명시된 도구만 사용하고 도구를 사용할 때에는 안구 보호 장치를 사용하시오.

정답 찾아가기
tools와 specify는 수동의 관계이다.

어휘
ensure that 주어 + 동사 ~를 확실히 하다 | specify 명시하다

109. 정답 (C)

해석
먼저 귀하가 이해해야 할 사항은 20kg 이상의 부품은 붉은 색으로 Heavy라고 표시된다는 것이다.

정답 찾아가기
① that절 속의 주어는 parts, 동사는 수동태 are marked 이다.
② parts that weigh more than 20 kilograms로 볼 때 parts와 weigh는 능동의 관계이므로 weighing이 정답이다.

어휘
mark A B A를 B라고 표시하다 | in red 붉은 색으로

110. 정답 (D)

해석
(우리가) 제안하는 전자기기는 별도의 명시가 없는 한 당사의 공장에서 생산된 부품으로 만들어진 것입니다.

정답 찾아가기
parts와 produce는 수동의 관계이다.

어휘
proposed 제안된 | unless otherwise noted 별도의 명시가 없는 한

Practice Test 5   p. 25

101. 정답 (A)

해석
이 배터리들을 재충전하는 데 최고 6시간까지 걸린다는 점을 아시고 규칙적으로 배터리를 점검하십시오.

정답 찾아가기
① 문장 A, ___ 문장 B의 구조이며 빈칸은 두 문장을 연결해 주는 접속사의 자리이다.
② despite, in spite of는 전치사이므로 뒤에 문장이 올 수 없다.
③ 콤마(,) 다음에 쓰이는 which는 계속적 용법의 관계대명사이므로 접속사 역할을 할 수 있지만 which는 이끄는 문장이 불완전한 문장이어야 한다. 여기서는 주어 you, 목적어 them이 다 갖추어진 완전한 문장이 왔으므로 which가 들어가기에 구조상 부적절하다.

어휘
recharge 재충전하다 | up to 최대[고] ~까지 | on a regular basis 규칙적으로

102. 정답 (D)

해석
더 많은 여행객들을 유치하기 위해, 그 여행사는 작년 말 새 상품을 출시했고 (이후) 서비스 개선과 투자자 로비를 하는

라 계속 바쁘다.

정답 찾아가기
① 부사구, 문장 A and 문장 B의 구조이다.
② 두 개의 문장을 연결해야 하므로 빈칸은 접속사 자리이며 문맥상 and가 가장 적합하다.

어휘
attract (관심을) 끌다, 유치하다 | **traveler** 여행객 | **launch** 시작하다, 출시하다 | **product** 상품, (공장에서 만든) 제품 | **improve** 개선하다 | **lobby** 로비하다 | **investor** 투자자

103. 정답 (C)

해석
고객 불만이 심해지자 그들은 품질 관리에 더 많은 주의를 기울이기로 결정했다.

정답 찾아가기
① 두 개의 문장이 연결되어야 하므로 빈칸은 접속사 자리이다.
② 문맥상 이유를 나타내는 접속사가 적절하다.
③ now that도 since, as와 같이 이유를 나타내기는 하나 주로 현재 또는 현재완료 시제와 많이 쓰인다.

어휘
complaint 불평, 불만 | **get serious** 심각해지다 | **pay attention to** ~에 주의를 기울이다 | **take (more, better) care** (더 많은, 더 나은) 배려를 하다, 관심을 주다 | **monitor** 관찰하다 | **quality** 품질

104. 정답 (C)

해석
품질 보장은 Simo 3.0 또는 그 이상의 버전을 사용하는 모든 고객들에게 해당되며 (제품) 배달 후 90일간 Simo 제품 보증에 따라 보장받게 된다.

정답 찾아가기
동일 주어 The guarrantee is available ~ and is covered ~의 구조이다.

어휘
guarantee (제품 제조업자가 보장하는) 품질 보장 | **available** 가능한, (구할 수) 있는 | **product warranty** (보통 판매자가 보장하는) 품질 보증 | **valid** 유효한 | **delivery** 배달, (상품의) 인도

105. 정답 (B)

해석
지원서의 검토는 신규 채용의 필요성과 급박함에 따라 4주에서 6주까지 걸릴 수 있습니다.

정답 찾아가기
① '~에 의거하다'의 의미로 쓰이는 depend on이 주절에 부가적으로 쓰일 때 depending on으로 연결된다.
② (A)와 (C)는 접속사이므로 뒤에 문장이 와야 한다.
③ (D)는 의미상 어울리지 않는다.

어휘
application 지원서 | **review** 검토 | **process** 절차 | **range from A to B** A에서 B까지 펼쳐져 있다 | **need** 필요 | **urgency** 긴급, 급박함 | **recruitment** 채용

106. 정답 (A)

해석
몇몇 위원회 위원들이 늦게 도착하신 관계로, 오늘 회의에서 예정보다 늦게 감사 보고서를 검토할 것입니다.

정답 찾아가기
두 개의 문장으로 구성되어 있으므로 접속사가 필요하다.

어휘
committee 위원회 | **delay** 지체시키다, 연기시키다 | **audit** 감사 | **later than planned** 계획보다 늦게 | **despite** 젠 ~에도 불구하고 | **as of** (특정 날짜, 시점 앞에 쓰여) ~ 일자로

107. 정답 (D)

해석
곧 있을 그녀의 라이브 콘서트 입장권은 웹사이트에서 미리 주문하거나 당일 현장에서 구입할 수 있다.

정답 찾아가기
A or B의 문장 구조이며 두 개의 동사구가 or로 연결된다.
may be ordered or (may be) purchased

어휘
upcoming 곧 있을 | **in advance** 미리 | **purchase** 구매하다, 사다 | **upon arrival** 도착 시, 도착하자마자

108. 정답 (C)

해석
The Doctor Fund에 입회하려면 늦어도 다음 금요일까지 온라인 양식을 완성하거나 Ferguson Center를 직접 방문하여 등록하세요.

정답 찾아가기
문맥상 양식을 완성하거나 직접 등록하는 행위는 입회의 목적이므로 목적을 나타내는 (in order) to부정사가 적합하다.

어휘
complete 완성하다 | **online form** 온라인 양식 | **register** 등록하다 | **in person** 직접, 몸소 | **no later than** 늦어도 ~까지 | **enroll** 입회하다, 등록하다

109. 정답 (D)

해석
Jason은 다양한 종류의 문서들을 분류하거나 발표 자료를 준비하는 데 독자적으로 일처리를 할 수 있으며, 일상 업무를 수월하게 처리할 수 있는 능력을 가지고 있다.

정답 찾아가기
① the ability to categorize ~, (to) work ~, and (to) carry ~ 구문이다.
② ability를 수식하는 세 개의 to부정사가 A, B, and C의 구조로 연결되어 있으며 이와 같이 여러 개가 나열된 경우 제일 마지막 내용은 콤마(,) and로 연결된다.

어휘
categorize (종류에 따라) 분류하다 | independently 독립적으로, 독자적으로 | prepare 준비하다 | presentation material 발표 자료 | carry out 수행하다, 처리하다 | daily 매일 일어나는 | easily 쉽게

110. 정답 (B)

해석
물건 값을 일주일 내에 지불하여야 하며, 이후 총 대금이 완납될 때까지 연체료를 납부해야 합니다.

정답 찾아가기
① after which는 계속적 용법의 관계대명사이다.
② which는 a week를 가리키며 빈칸 뒤에 문장이 연결되어 있으므로 빈칸은 접속사 자리이다.

어휘
charge (요금을) 부과하다 | late fee 연체료 | full amount 총액, 전체 대금 | pay off 지불을 완료하다

Chapter 2 시제

Sample Question 1   p. 28

1. 정답 (A)

해석
그들은 현재 캐나다에서 가능한 일자리를 찾고 있다.

정답 찾아가기
진행형인 be + 부사 + 현재분사 구문이다.

어휘
currently 현재 | vacancy 결원, 공석 | available 구할 수 있는, 가능한

2. 정답 (D)

해석
그는 당신이 요구한 제품 관련 정보를 입수하는 대로 당신께 보내줄 것입니다.

정답 찾아가기
① when he gets it은 미래 시점을 나타내므로(부사절에서는 미래 시제 대신 현재 시제를 씀) 문장도 미래 시제인 will send를 쓰는 것이 적절하다.
② 현재 진행형인 is sending도 가까운 미래를 나타낼 수 있으나 이 문장에서는 will send가 보다 명확한 표현이다.

어휘
product-related 제품과 관련된 | information 정보 | request 요청하다

3. 정답 (D)

해석
과거에 휴대폰으로 전화하는 데 사람들은 훨씬 많은 돈을 지불했다.

정답 찾아가기
과거 시점 부사인 in the past가 있으므로 문장은 과거 시제가 되어야 한다.

어휘
make a call 전화하다 | cell phone 휴대 전화 | in the past 과거에

Sample Question 2   p. 29

1. 정답 (C)

해석
그가 이메일을 쓰고 있던 중에 컴퓨터 전원이 갑자기 꺼졌다.

정답 찾아가기
while로 연결된 두 개의 과거 상황 중 간섭을 받는 동작은 과거진행형으로 쓴다.

어휘
suddenly 갑자기 | go off 전원이 나가다

2. 정답 (B)

해석
그는 당신이 없는 동안에는 어떤 일도 안 할 겁니다.

정답 찾아가기
미래 시점에 발생할 것으로 확정된 상황은 미래진행 시제로 쓴다.

3. 정답 (B)

해석
다음 주 이때쯤에는 내가 처음으로 일본에 출장을 가 있을 겁니다.

정답 찾아가기
미래 시점에 발생할 것으로 확정된 상황은 미래진행 시제로 쓴다.

어휘
this time next week 다음 주 이때쯤 | **for the first time** 처음으로 | **on business** 사업 일로

Sample Question 3   p. 30

1. 정답 (D)

해석
내일 정오까지는 그들이 새 스프링클러 설치를 완료할 것이다.

정답 찾아가기
주어진 미래의 시점 또는 그 이전에 어떤 행위가 완료된 상태를 나타낼 때는 미래완료 시제를 쓴다.

어휘
installation 설치(← install 설치하다) | **sprinkler system** 스프링클러 | **by noon** 정오까지는

2. 정답 (C)

해석
최신 제품이 출시된 이래로 판매가 증가했다.

정답 찾아가기
since + 과거시제 문장은 주로 현재완료와 함께 쓰인다.

어휘
brand new 최신의

3. 정답 (B)

해석
남편의 손이 떨리는 것을 보면 나는 남편이 술을 마시고 있었던 것을 언제나 알 수 있다.

정답 찾아가기
① when my husband has been drinking은 tell의 목적어이다.
② 알 수 있는 시점이 현재이고 그 시점을 기준으로 남편이 이미 술을 마시고 있었다는 사실을 나타내므로 현재완료 진행 시제가 적절하다.

어휘
shake 떨다, 흔들리다

Sample Question 4   p. 31

1. 정답 (A)

해석
다음 주까지는 그가 그 설치를 반드시 마쳐야 한다.

정답 찾아가기
이성적인 판단을 나타내는 형용사(imperative)가 있으므로 that절 안에 동사는 (should +) 동사원형 형태로 써야 한다.

어휘
absolutely 절대적으로 | **imperative** 긴요한, 반드시 ~해야 하는 | **installation** 설치(← install 설치하다)

2. 정답 (C)

해석
그는 화가 나서 그 가게가 즉각 전액 환불을 해줘야 한다고 요구했다.

정답 찾아가기
요구를 나타내는 demand가 있으므로 that절 안에 동사는 (should +) 동사원형 형태로 써야 한다.

어휘
upset 속상한, 마음이 상한 | **demand** 요구하다 | **a full refund** 전액 환불 | **immediately** 즉시

3. 정답 (D)

해석
시가 필요한 조치를 취할 수 있도록 그가 지침과 로드맵을 개발하도록 권고한다.

정답 찾아가기
권유, 권고를 나타내는 recommend가 있으므로 that절 안에 동사는 (should +) 동사원형 형태로 써야 한다.

어휘
recommend 권고하다, 추천하다 | **guideline** 지침 | **roadmap** 로드맵 | **take a step** 조치를 취하다

Practice Test 1   p. 32

101. 정답 (C)

해석
우리의 관광 안내원은 개인 소유인 15에이커의 아름다운 풍경을 구경하는 동안에 우리들에게 줄곧 조용히 하라고 했다.

정답 찾아가기
① 주절(과거)과 종속절(과거)의 시제 일치 문제다.
② while의 종속절은 주로 진행 시제를 사용한다.
③ 특히 과거의 두 동작을 나타낼 경우 간섭을 받는 동작은 과거 진행형으로 써야 한다.

어휘
landscape (지상의) 풍경 | property 재산, 소유물

102. 정답 (C)

해석
조립 라인을 방문하는 사람들은 안전모와 다른 보호 장비를 착용하는 것이 전적으로 필요하다.

정답 찾아가기
① It is essential that 주어 + (should) + 동사원형 구문에 관한 문제이다.
② that절 속에서 시제와 관계없이 동사원형을 쓰는 경우는 본문 p.22 참조

어휘
essential 필수적인 | assembly line 조립라인 | gear 장비, 기구

103. 정답 (C)

해석
우리는 그 일자리에 적합한 조건들을 검토한 후에 매장 관리직 지원자에 대한 인터뷰를 누가 할 것인지 결정할 것이다.

정답 찾아가기
① once는 접속사로 쓰인다.
② 의미상으로 근무 자격 요건에 대한 검토가 미래 시점에 완료될 것이므로 미래완료 시제에 해당하나 부사절에서는 미래완료 대신 현재완료 시제를 쓴다.
③ 이 경우 주절에는 미래 시제를 사용하는 것이 바람직하다.

어휘
job requirement 일자리 자격 요건

104. 정답 (B)

해석
프로그램 설치가 성공적으로 끝나는 대로, 모든 직원들은 잠시 투표하러 가는 시간을 갖게 될 것이다.

정답 찾아가기
① as soon as는 접속사로 쓰인다.
② 의미상으로 프로그램 설치가 미래 시점에 완료될 것이므로 미래완료 시제에 해당하나 부사절에서는 미래완료 대신 현재완료 시제를 쓴다.
③ 이 경우 주절에는 미래 시제를 사용하는 것이 바람직하다.

어휘
install 설치하다 | take ~ off 잠시 내려놓다(멈추다) | vote 투표하다

105. 정답 (D)

해석
가장 모험적으로 산을 즐기는 여자로 알려진 멜라니는 그녀가 26살이 되었을 때 보통 사람들이 평생 경험한 것 보다 더 많은 경험을 했다.

정답 찾아가기
by the time + 과거 시제의 구문과 함께 쓰는 주절의 시제는 과거완료를 사용한다.

어휘
adventurous 모험을 즐기는 | one's entire life 평생

106. 정답 (B)

해석
그의 첫 소설책이 작년에 큰 성공을 거뒀고, 그래서 그는 올해 말에 개정판 출판을 심각하게 고민하고 있다.

정답 찾아가기
부사구 in the last year는 last year와 차이가 있다.
in the last year는 현재를 포함한 지난 1년간의 의미이며, last year는 현재와 관계없이 작년이라는 과거 시점을 나타낸다. in the last year가 쓰였으므로 과거부터 현재까지 1년 동안의 의미이므로 현재완료 시제가 정답이다.

어휘
a big hit 큰 성공 | revised version 개정판

107. 정답 (B)

해석
나는 싱가폴의 지점으로 전근하는 과정에 잠시 나의 스마트폰 서비스를 중지하였다.

정답 찾아가기
① 내용상 과거이며 have는 사역동사이다.
② have + 목적어 + 목적격 보어 구문이다.
② 목적격 보어는 (be) suspended이다.

어휘
suspend 일시 중지하다 | temporarily 임시로 | transfer 전근하다

108. 정답 (D)

해석
이 코미디 집필이 끝날 때면 나는 2016-7 시즌 SBC에서 4편의 코미디를 창작한 것이 될 것이다.

정답 찾아가기
by the time + 현재 시제 구문의 경우 주절의 시제는 미래완료를 사용한다.

어휘
create 창작하다

109. 정답 (D)

해석
승인이 완료되면 그 수취인이 계좌에서 그 돈을 출금할 수 있을 것이다.

정답 찾아가기
주절의 시제가 미래이지만 부사절에서는 현재 시제를 사용한다.

어휘
recipient 수취인 | withdraw 출금하다 | authorization 승인

110. 정답 (C)

해석
아시아와 라틴아메리카로부터의 새 이민자들이 최근 수십 년 동안 미국 인구에 문화적 다양성을 더해 왔다.

정답 찾아가기
① 일정 기간 동안 진행되고 지금도 진행되고 있는 상황에는 현재완료 시제를 사용한다.
② 토익 시제 문제의 경우 부사구에 유의해야 한다.

어휘
cultural diversity 문화적 다양성 | decade 십년

Practice Test 2 p. 33

101. 정답 (A)

해석
모든 회사는 해외 투자를 위해서 각 나라의 국가 안전을 고려하는 것이 필요하다.

정답 찾아가기
판단이나 필요를 나타내는 형용사 뒤에 오는 that절에는 (should) + 동사원형을 사용한다.

어휘
take into consideration 고려하다 | national security 국가 안전 | overseas investment 해외 투자

102. 정답 (D)

해석
이사회의 업무를 수행하기 위해 추가 이사회가 지난달 의장에 의하여 소집되었다.

정답 찾아가기
last month 부사구에 의해 문장의 시제가 과거라는 것을 알 수 있다.

어휘
at the call of ~의 소집에 응하여 | chair 의장 | convene (회의를) 소집하다

103. 정답 (C)

해석
대학 서점 연합회의 연례 보고서는 대학교 교재비가 인플레이션 보다 더 빠르게 증가했음을 보여주었다.

답 찾아가기
주절의 시제인 과거 이전에 일어난 일, 즉 대과거에 일어난 일은 과거완료를 사용한다.

어휘
annual report 연례 보고서

104. 정답 (D)

해석
Chris가 퇴근했을 때에 그는 누군가가 뒷마당에 주차한 그의 SUV에 침입하려고 했었음을 발견했다.

정답 찾아가기
by the time + 과거 시제 구문과 함께 쓰는 주절의 시제는 과거완료를 사용한다.

어휘
break into 침입하다

105. 정답 (A)

해석
Ellis 교수가 그녀의 학생을 위해서 추천서를 쓸 때 그 학생과 면담을 주선할 것이다.

정답과 해설 **17**

정답 찾아가기
주절의 시제가 미래이지만 시간 부사인 as절에서는 미래 시제 대신 현재 시제를 사용한다.

어휘
arrange 주선하다 | letter of recommendation 추천서

106. 정답 (D)

해석
학생들이 자신의 내면의 아름다움을 깨닫게 하기 위해 그 지역 대학은 2015년 이래로 humanity contest를 개최해 왔다.

정답 찾아가기
부사구 since 2015을 보아 주절의 현재 시제는 현재완료로 써야 한다.

어휘
recognize 깨닫다 | inner beauty 내적 아름다움

107. 정답 (A)

해석
그 나라는 전례가 없는 인구통계학적 변이를 겪고 있으며, 그 충격은 (경제) 부문별로 아주 다양할 것이다.

정답 찾아가기
① 내용상 현재 사실에 대한 미래의 예측을 기술하고 있으므로 미래 시제이다.
② 관계대명사절의 주어는 단수인 impact이므로 (B)와 (D)는 수의 일치에도 어긋나며, (C)는 시제가 과거이므로 답이 될 수가 없다.

구문 설명
계속적 용법의 관계대명사가 쓰였으며 the impact of which는 the impact of the transition을 소유격 관계대명사로 바꾼 구문이다.

어휘
experience 겪다, 경험하다 | unprecedented 전례가 없는 | demographic 인구통계학적인 | impact 충격

108. 정답 (D)

해석
다음 주가 되면 이렇게 재능이 많은 사람들과 함께 일한지 3년 째가 된다는 사실은 의심의 여지없이 (나에게) 큰 영광입니다.

정답 찾아가기
현재 사실은 3년에 일주일이 모자라는 것이며, 이 현재 사실이 일주일 뒤인 미래의 시점(next week)에 3년이 되는 것이므로 미래완료 시제를 쓰는 것이 타당하다.

어휘
privilege 특혜, 영광 | without doubt 의심의 여지없이, 분명히 | talented 재능있는 | by next week 다음 주가 되면

109. 정답 (B)

해석
일단 사업을 시작하게 되면 조만간 그 사업을 성장시켜야 하는 난관에 봉착할 것이다.

정답 찾아가기
① once는 접속사로 쓰인다.
② 현재 사업 시작을 준비하는 단계이며 사업을 시작하는 것은 미래 시점이기 때문에 본래 미래완료 시제가 쓰이는 상황이지만 부사절에서는 미래완료 시제 대신 현재완료 시제를 쓴다.
③ 앞으로 사업을 시작하면(미래완료) 난관에 봉착(미래)한다는 구조이므로 주절은 미래 시제가 타당하다.

어휘
once 접 일단 ~하면 | sooner or later 조만간에 | challenge 도전, 난관 | make it grow (그것을) 성장시키다

110. 정답 (B)

해석
지난 일 년에 걸쳐 우리는 다양한 유기농 제품에 대한 (소비자의) 커가는 수요를 수용하기 위해 우리 사업을 확장해 왔습니다.

정답 찾아가기
① in the last year는 현재를 기준으로 지난 일 년간의 기간을 나타낸다.
② 일 년 전부터 오늘까지의 활동을 나타내므로 현재완료 시제를 써야 한다.
③ 과거시점 부사인 last year과는 반드시 구별해야 한다. (오늘이 2017년 6월 20일이라면, in the last year가 의미하는 기간은 2016년 6월 21일부터 2017년 6월 20일까지이며 last year은 2016년 1월1일부터 12월 31일까지의 기간)

어휘
accommodate 수용하다 | growing 성장하는, 커가는 | demand 요구, 수요 | a range of 다양한 | organic product 유기농 제품 | expand (사업을) 확장하다

Chapter 3 수동태

Sample Question 1   p. 36

1. 정답 (D)

해석
사람들은 그의 부모가 그를 독립적으로 키웠다고 말한다.

정답 찾아가기
5형식 능동태에서 목적격 보어로 쓰인 원형부정사는 수동태 전환시 to부정사로 바뀐다.

어휘
grow 키우다, 자라다 | independent 독립적인

2. 정답 (C)

해석
작고한 NASA의 과학자이자 우주비행사였던 Jane Peter가 어젯밤 Space Achievement Award(우주업적상)를 받았다.

정답 찾아가기
문맥상 상을 받았다는 의미이므로 4형식 수여동사의 수동태 문장 구조이다.

어휘
late 작고한, 고(故) | grant (법적, 공식적으로) 인정하다, 승인하다, 수여하다

3. 정답 (A)

해석
당신의 소득이 일정 수준 이상일 때 소득세를 신고하여야 한다.

정답 찾아가기
5형식 수동태 be required to 구문이다.

어휘
file 제출하다 | income tax return 소득세 신고 | consider A B A를 B로 간주하다 | eliminate A (from B) (B에게서) A를 제거하다 | A compose B A가 B를 구성하다

Sample Question 2   p. 37

1. 정답 (D)

해석
그들은 화재가 방화였다고 믿고 있으며 (현재) 증오 범죄로 조사 중에 있다.

정답 찾아가기
① 주어인 the incident는 조사 받는 것이므로 수동태이다.
② 문맥상 조사가 진행 중에 있는 것이므로 수동형 현재진행 시제가 정답이다.

어휘
intentionally 고의로 | set a fire 불을 내다 | incident 사건 | hate crime 증오 범죄

2. 정답 (C)

해석
제품 보증 기간이 이미 만료되었으므로 우리가 귀하의 카펫을 교체해 줄 의무는 없습니다.

정답 찾아가기
5형식 수동태 문장 구조의 문제다. consider도 5형식으로 쓰이나 to부정사를 목적격 보어로 쓰지 않는다.

어휘
consider A B A를 B로 여기다 | warranty 제품 보증 | replace 교체하다 | be obligated to부정사 ~을 이행할 의무가 있다

3. 정답 (B)

해석
Janifer가 실수했던 것이 그녀의 상사에 의해 밝혀졌다.

정답 찾아가기
문장의 시제는 과거이며 실수했던 것은 그 이전이므로 완료부정사를 쓰는 것이 적절하다.

어휘
be found to ~한 것이 밝혀지다 | make a mistake 실수하다

Sample Question 3   p. 38

1. 정답 (A)

해석
그 회사의 새 대표는 두뇌 회전이 엄청나게 빠르다.

정답 찾아가기
be + 과거분사 + 전치사 구문으로 전치사 with와 어울리고 문맥상 맞는 것은 endowed이다.

어휘
CEO(Chief Executive Officer) 최고 경영자, 대표 | exceedingly 극도로, 대단히 | quick mind 빠른 두뇌 회전 | be endowed with ~에 뛰어나다 | be entitled to + 명사[동사] ~할 권리를 주다, ~할 권리가 있다 | be engaged in ~에 종사하다 | be startled at ~에 놀라다

2. 정답 (C)

해석
65세 이상의 사람들은 의료보험 혜택을 받을 자격이 있다.

정답 찾아가기
be + 과거분사 + 전치사 구문으로 전치사 to와 어울리고 문맥상 맞는 것은 entitled이다.

어휘
be satisfied with ~에 만족하다 | **be engaged in** ~에 종사하다 | **be entitled to + 명사[동사]** ~할 권리를 주다, ~할 권리가 있다

3. 정답 (B)

해석
지난 20년 간 그 회사는 그 사안에 흥미를 갖고 있었다.

정답 찾아가기
be + 과거분사 + 전치사 구문이며 전치사 in과 어울리고 문맥상 맞는 것은 interested이다.

어휘
be interested in ~에 흥미가 있다 | **subject** 주제, 사안 | **in the last two decades** 지난 20년간

Practice Test p. 39

101. 정답 (C)

해석
그 상은 전년도에 출판된 아동용 도서 중에서 가장 뛰어난 책에 매년 주어진다.

정답 찾아가기
목적어 the prize가 주어로 사용된 수동태 구문이다.

어휘
distinguished 뛰어난

102. 정답 (D)

해석
놀랍게도 샤론은 새로 만든 홍보 부서의 총관리자로 만장일치로 선임되었다.

정답 찾아가기
목적어 Sharon이 주어로 사용된 수동태 구문이다.

어휘
unanimously 만장일치로 | **public relations department** 홍보 부서

103. 정답 (A)

해석
Birmingham 미술관은 자기의 작품에서 점찍기 기법을 사용한 고(故) Carson Miller를 기리는 특별 이벤트를 주최했다.

정답 찾아가기
① 내용상 행사를 '주최하다'의 의미를 가진 단어는 host이다.
② (D) provide는 수동태 구문에서 be provided with[for] 구문으로 쓰인다.

어휘
host 접대하다, 행사를 주최하다

104. 정답 (A)

해석
그는 가격 인상 때문에 놀랐을 뿐만이 아니라, 푸른 채소들과 부실한 페어웨이 관리에 대해서도 당황스러워 했다.

정답 찾아가기
not only A but also B의 구문에서 A와 B의 내용은 서로 상관이 있으므로 surprised와 관련있는 의미의 단어는 baffled이다.

어휘
not only A but also B A 뿐만이 아니라 B도 | **baffle** 좌절시키다, 당황케 하다

105. 정답 (C)

해석
너의 채용이 확정되기 일주일 전에 효력이 발효된 새 정책 때문에 그러한 혜택을 받을 수 있게 되어 너는 정말 운이 좋다.

정답 찾아가기
① be + 형용사 + to부정사 구문이다.
② 주절의 내용은 근무 시작하기 일주일 전에 개정된 정책으로 인해 (앞으로) 혜택을 보게 될 것이라는 의미이며 현재 진행형은 가까운 미래를 나타내므로 진행형 부정사가 적절하다.

어휘
benefit 혜택 | **employment** 채용 | **confirm** 확정하다

106. 정답 (C)

해석
웹사이트에 있는 귀사의 홈페이지가 초라하게 디자인되어 있다면, 귀사의 잠재 고객들이 귀사를 하찮게 여길 것이다.

정답 찾아가기
조동사 다음에 수동태는 be + p.p. 형태이다.

어휘
potential 잠재적인 | **take + 목 + seriously** ~를 진지하게 여기다, 인정하여 주다

107. 정답 (A)

해석
생활 하수는 가까운 강으로 내버리는 대신에 물이 정화되는 큰 탱크로 보내진다고 한다.

정답 찾아가기
① 동명사 역시 동사의 성질이 있으므로, 능동과 수동형의 두 가지 태가 가능하다.
② 의미상 오물은 처리되는 대상이고 전치사구(instead of) 다음에 알맞은 형태는 수동형 동명사인 being + p.p.이다.

어휘
nearby 가까운, 가까이의 | **sewage** 하수, 오물 | **dump** (쓰레기 따위)를 내려보내다 | **purify** 정화하다

108. 정답 (A)

정답 찾아가기
사업상의 가혹한 조건을 취소한다는 약속을 조건으로 Jason은 Uber의 신임 CEO인 Crag Hanzer로부터 굉장한 거래를 제안 받았다.

정답 찾아가기
① 4형식 수여동사는 목적어가 두 개이므로 수동태 구문에서도 직접 목적어가 남아 있다.
② 4형식 수여동사의 수동태 구조인 be + p.p. + 직접 목적어 구문은 토익에서 자주 출제된다.

어휘
offer A B A에게 B를 제공하다 | **under the promise of** ~을 조건으로 | **iron-bound** (굽힐 수 없을 정도로) 단단한, 가혹한

109. 정답 (B)

해석
당신을 적극적으로 추천받아 당신께 연락해 보라는 조언을 받았음에도 불구하고 당신은 우리에게 만족스러운 답을 줄 수 없었습니다.

정답 찾아가기
① 5형식 동사의 수동태 구조 be + p.p. + 목적격 보어이다.
② 여기서는 to부정사가 목적격 보어로 쓰였다.

어휘
advise + A + to부정사 A가 ~하도록 충고하다

110. 정답 (C)

해석
희생자를 대변하는 로펌이 그 사고에 대해 허위 사실을 주장했던 것이 지방의 한 신문 기자에 의해 밝혀졌다.

정답 찾아가기
이 문장의 경우는 주절의 시제(found) 보다 허위 주장을 한 사실이 한 시제 앞서므로 완료부정사(to have made)로 쓴다.
A local newspaper reporter found that the law firm (representing alleged victims) had made false claims.

구문 해설
that절이 타동사의 목적어로 온 경우, that절의 주어를 주절의 주어로 하여 수동태로 전환할 수 있다.
A local newspaper reporter found that the law firm (representing alleged victims) had made false claims.
→ The law firm representing (representing alleged victims) was found to have made false claims by ~

어휘
law firm 로펌 | **represent** 대표하다, 대변하다 | **alleged** (증거는 없지만) 혐의가 있다고 믿어지는 | **victim** 희생자 | **false** 허위의, 사실이 아닌 | **local** 지방의, 현지의

Chapter 4 관계대명사

Sample Question 1 p. 42

1. 정답 (A)

해석
채식주의자 식사를 하기 원하는 승객들은 이륙 전에 승무원에게 통지해야 한다.

정답 찾아가기
빈칸 다음에 동사가 있으므로 관계대명사절에서 주어 역할을 하고 두 문장을 연결할 수 있는 주격 관계대명사 who가 정답이다.

어휘
vegetarian 채식주의자 | **notify** 통지하다 | **take off** 이륙

2. 정답 (B)

해석
당신이 요청했던 내일 세미나의 첨부 안건을 참고하십시오.

정답 찾아가기
① 빈칸 앞에 선행사가 있고 빈칸 뒤에 주어와 타동사구가 있다.
② 관계대명사절에서 목적어 역할을 하고 사물 선행사를 수

식할 수 있는 목적격 관계대명사 that이 정답이다.

어휘
refer to 참고하다 | attached 첨부된 | agenda 안건 | ask for 요청하다

3. 정답 (A)

해석
그 문제는 우리가 1998년 이래로 직면해 온 경제적인 상황에서 주로 발생했다.

정답 찾아가기
빈칸 뒤에 주어와 타동사가 있으므로 목적어 역할을 하는 관계대명사 which가 정답이다.

어휘
arise 상황이 생기다 | principally 주로

Sample Question 2 p. 43

1. 정답 (D)

해석
그들(회사)은 자신의 직업적인 목표가 그들의 중장기 계획과 양립하는 인사 담당 이사 자리를 광고했다.

정답 찾아가기
빈칸 뒤에 명사구가 있으므로 명사를 수식하면서 두 문장을 연결하는 소유격 관계대명사가 정답이다.

어휘
advertise 광고하다 | personnel director 인사 담당 이사 | be compatible with ~과 양립될 수 있다 | mid and long-term 중장기

2. 정답 (C)

해석
Fila Sporting Goods는 그 품질이 수백만의 소비자들에 의해 신뢰받는 회사이다.

정답 찾아가기
빈칸 뒤에 명사가 있으므로 그 명사를 수식하고 두 문장을 연결할 수 있는 소유격 관계대명사가 정답이다.

어휘
trust 신뢰하다 | millions of 수백만의

3. 정답 (B)

해석
피할 수 없는 것에 대해 불평하는 것은 의미가 없다.

정답 찾아가기
전치사 다음에 목적어가 와야 하므로 선행사를 포함하는 the thing which에 해당하는 what이 정답이다.

어휘
there is no point in ~하는 것에 의미가 없다 | complain 불평하다 | unavoidable 피할 수 없는(← avoid 피하다)

Sample Question 3 p. 44

1. 정답 (C)

해석
많은 우체국 상자들이 있었는데 그것들의 대부분의 비어 있었다.

정답 찾아가기
① 수량표현 + of + 관계대명사 구문이다.
② 계속적 용법이므로 that이 쓰이지 않으므로 most of which가 정답이다.

어휘
dozens of 다수의

2. 정답 (A)

해석
당신이 다음의 진술에 동의 혹은 동의하지 않는 정도를 표시하시오.

정답 찾아가기
the extent to + which 구문이다.

어휘
extent 정도 | to the extent ~ 정도[범위]까지 | statement 진술

3. 정답 (A)

해석
Smith 박사를 환영하고자 합니다. 박사님은 아시아에서 지점을 개설함으로써 지대한 공헌을 하였습니다.

정답 찾아가기
① 빈칸 앞에 사람 선행사가 있고 빈칸 뒤에 동사가 있으므로 관계대명사 자리이다.
② 주어 자리가 비어 있으므로 주격 관계대명사 who가 정답이다.

어휘
contribution 공헌 | branch office 지점

Practice Test   p. 45

101. 정답 (A)

해석
공립학교의 발전에 기여한 사람들은 그 상의 후보자가 될 수 있다.

정답 찾아가기
선행사가 사람이고 빈칸 뒤에 동사(have made)가 왔으므로 주격 관계대명사 who가 정답이다.

어휘
make contributions 기여하다 | public school 공립학교 | candidate 후보자

102. 정답 (C)

해석
스티븐 스필버그는 상업적인 성공과 영화 비평에서도 성공을 향유한 미국 감독이다.

정답 찾아가기
① 선행사가 사람이고 빈칸 뒤에 명사와 동사가 왔다.
② 주어인 films를 수식하고 동시에 접속사 역할을 하는 소유격 관계대명사가 정답이다.

어휘
director 감독 | commercial 상업적인 | critical 비평적인

103. 정답 (B)

해석
PPP model에서 제시 단계는 교사가 학습에서 요구되는 필요한 언어 형태를 추출하는 첫 번째 단계이다.

정답 찾아가기
① 선행사가 사물(the first phase)이고 전치사 during 다음은 목적격 자리이므로 whom, whose가 올 수 없다.
② 대명사 it은 접속사 기능이 없어서 문장과 문장을 연결할 수 없으므로 which가 정답이다.

어휘
presentation 제시, 발표 | phase 단계 | extract 추출하다

104. 정답 (D)

해석
우리는 5회의 취업면접 실시를 예상했는데 그 중 2회는 지원자가 나타나지 않아서 취소되었다.

정답 찾아가기
① 선행사가 사물(job interviews)이므로 who, whom은 올 수 없다.
② 전치사 of 다음은 목적격 자리이지만 them은 대명사로 문장과 문장을 연결할 수 없으므로 which가 정답이다.

어휘
job interview 취업면접 | applicant 지원자 | show up 나타나다

105. 정답 (B)

해석
PG Electronics는 이동 통신과 그에 관련된 하드웨어에 의해 지배되는 기술 상황에 적응하기 위해 새로운 프로젝트에 착수했다.

정답 찾아가기
① 주격 관계대명사 + be동사는 함께 생략될 수 있다.
② 주격 관계대명사 + be동사가 생략되고 빈칸 뒤에 by가 오면 빈칸에는 과거분사를 써야 한다.

어휘
launch 착수하다 | adapt (oneself) to ~에 적응하다, 조정하다 | landscape 풍경, 상황 | mobile 이동 통신 | dominate 지배하다

106. 정답 (A)

해석
그들이 우리 상점에서 산 품목에 결함이 있으면, 구매 후 30일 이내에 영수증과 함께 그것을 반품할 수 있다.

정답 찾아가기
목적격 관계대명사가 생략된 문장에서 주어 자리를 묻는 문제로 an item (which) they purchased in our store 구문이며 (D)가 답이 되려면 an item which was purchased in our store가 되어야 한다.

어휘
defective 결함 있는 | return 반품하다 | valid 유효한 | purchase 구매

107. 정답 (C)

해석
좌석 수용력이 약 300명인 회의장이 연례 이사회를 위해 예약되었다.

정답 찾아가기
빈칸 뒤에 온 seating capacity를 수식하는 동시에 접속사 역할을 하는 소유격 관계대명사가 정답이다.

구문 해설
선행사가 사물인 경우 whose + 명사(whose capacity)를 the + 명사 + of which(the seating capacity of which)로 바꿔 쓸 수 있다.

어휘
seating capacity 좌석 수용력 | annual 연례의 | board meeting 이사회

108. 정답 (B)

해석
우리가 찾고 있는 프랑스 식당은 리모델링을 위해서 일시적으로 폐업한다.

정답 찾아가기
선행사 + 목적격 관계대명사 + 주어 + 자동사 + 전치사 구문으로 목적격 관계대명사는 전치사(for)의 목적어를 대체한다.

어휘
look for ~을 찾다 | temporarily 일시적으로 | due to ~ 때문에

109. 정답 (C)

해석
어젯밤 Manchester 경기장에서 일어났던 끔찍한 공격으로 22명이 사망하고 수백 명이 부상 당했으며, 그 중에는 어린 아이들도 많이 있었다.

정답 찾아가기
① 계속적 용법의 관계대명사 문제다.
② many of them ~이 관계대명사절로 연결되므로 many of whom이 정답이다.

구문 해설
leave A(22 people) B(dead)는 5형식으로 쓰인 구조이며 A가 B의 상태로 결과가 나왔다는 의미이다.

어휘
attack 공격 | arena (원형) 경기장 | dead 사망한 | injure 부상을 입히다 (부상을 당한 경우 be injured처럼 수동형으로 쓰임) | hundreds (of people) 수백 명의 사람들

110. 정답 (A)

해석
국제 경기의 심판들은 경기에 참가한 (두) 팀의 상의 색깔과 뚜렷이 구별되는 상의를 반드시 착용하여야 한다.

정답 찾아가기
소유격 관계대명사 문제다.
(다음과 같은 두 개의 문장이 소유격 관계대명사로 연결된 것이다. Referees in international matches shall wear a blazer. + The color of the blazer is distinct from the colors (which are) worn by the contesting teams.)

어휘
referee 심판 | international 국제적인 | match 시합, 경기 | wear 착용하다, 입다 | blazer (주로 하의와 색깔이 다른 콤비식) 상의 | distinct 뚜렷이 구별되는, 확연히 다른 | contesting 경쟁을 하는, 서로 이기기 위해 겨루는

Chapter 5 분사

Sample Question 1 p. 48

1. 정답 (A)

해석
흥미로운 새 자동차 쇼 콘텐츠가 나오면 통지를 받을 수 있도록 등록하시오.

정답 찾아가기
콘텐츠가 흥미를 유발하므로 능동의 관계를 뜻하는 현재분사 형용사 exciting이 정답이다.

어휘
sign up 등록하다 | notification 통지

2. 정답 (A)

해석
정치적인 결정은 본질적으로 설득력 있는 증거에 의해 뒷받침되어야 하는 도덕적 결정이다.

정답 찾아가기
증거가 주목하게 하므로 능동의 관계를 뜻하는 현재분사 형용사 compelling이 정답이다.

어휘
inherently 본질적으로 | compelling 주목하지 않을 수 없는, 설득력 있는, 강력한 (← compel A to B A가 B하도록 강요하다) | compulsory 필수의 | compulsion 강요, (나쁜 일에 대한) 충동

3. 정답 (A)

해석
나는 그렇게 많은 열광하는 사람들을 포함하는 국가적인 행사를 기억하지 못한다.

정답 찾아가기
행사가 능동적으로 사람들을 포함한다는 의미이므로 능동의 관계를 뜻하는 현재분사 involving(= which involves)이 정답이다.

어휘
national event 국가 행사 | involving 포함하는

Sample Question 2   p. 49

1. 정답 (A)

해석
넋을 잃게 하고 거의 마술적인 외모를 가진 해마는 단지 물고기의 일종이다.

정답 찾아가기
외모가 넋을 잃게 하므로 능동의 관계를 뜻하는 현재분사 형용사 enchanting이 정답이다.

어휘
seahorse 해마 | enchanting 넋을 잃게 하는 | appearance 외모

2. 정답 (B)

해석
나는 다른 사람들을 도울 수 있는 능력을 가진 모든 사람들과 나의 보람이 있는 경험을 공유하기 원한다.

정답 찾아가기
경험이 보람을 주는 의미이므로 능동의 관계를 뜻하는 현재분사 형용사 rewarding이 정답이다.

어휘
share 공유하다 | be capable of ~할 능력이 있다 | rewarding 보상이 있는, 보람이 있는

3. 정답 (C)

해석
QueFuel은 17년 동안 비행 연료를 공급하는 선도적이고 독립적인 글로벌 기업이었다.

정답 찾아가기
공급원이 선도해가는 의미이므로 능동의 관계를 뜻하는 현재분사 형용사 leading이 정답이다.

어휘
leading 이끌고 가는, 선도하는 | aviation 비행

Sample Question 3   p. 50

1. 정답 (A)

해석
차량을 구매한 후에 그들은 허가증을 얻기 위해 한 달을 기다려야 한다.

정답 찾아가기
부사절을 분사구문으로 전환할 때 접속사를 생략하지 않기도 한다.

어휘
permit 허가증

2. 정답 (D)

해석
광범위하게 배포되면 그 전단지는 더 많은 고객을 끌어들이고 유지하게 할 것이다.

정답 찾아가기
Being + 과거분사 구문에서 being이 생략된 형태이므로 Distributed가 정답이다.

구문 해설
분사구문에서 주절과 종속절의 주어가 일치하는 경우이므로 If the flyer is distributed widely를 수동태 분사구문으로 바꾼 것이다.

어휘
widely 광범위하게 | flyer 전단지 | retain 유지하다 | distribute 배부하다

3. 정답 (B)

해석
일단 이전되면 그 식당은 더 많은 고객을 끌어들일 수 있을 것이다.

정답 찾아가기
접속사 + being + 과거분사 구문에서 being이 생략되었으므로 relocated가 정답이다.

어휘
relocate 이전시키다

Sample Question 4   p. 51

1. 정답 (A)

해석
경주를 위해 훈련을 할 때 그들은 탄수화물 다이어트에 전념하도록 요구된다.

정답 찾아가기
분사구문에서 접속사를 유지할 수 있는데 이 경우 의미상으로 적절한 접속사를 선택해야 하므로 보기 중 when이 가장 적절하다.

어휘
commit to ~에 전념하다 | carbohydrate diet 탄수화물 다이어트 | race 경주

2. 정답 (C)

해석
달리 배제되지 않으면 모든 수입은 세금 납부의 대상이다.

정답 찾아가기
수동태 분사구문인 being + excluded에서 being이 생략된 excluded가 정답이다.

구문 해설
Unless는 If ~ not의 의미이므로 종속절은 If it is not otherwise excluded라고 생각할 수 있다.

어휘
otherwise 다르게 | exclude 배제하다 | be subject to ~ 대상이다

3. 정답 (D)

해석
어른에 의해 동반되지 않으면 어떤 아동도 주간에 학교를 벗어나도록 허용되지 않을 것이다.

정답 찾아가기
주절과 생략된 종속절의 주어(child)가 일치하므로 수동태 구문이 적절하다.

어휘
during the day 주간에 | accompanied by ~에 의해 동반된

Practice Test 1   p. 52

101. 정답 (C)

해석
한때 열렬한 환경보호론자였던 Jana씨는 많은 화학 회사들이 제안했던 일자리를 주저하지 않고 거절하였다.

정답 찾아가기
① 주절의 시제가 과거이며, 부사 once는 그 이전 시점을 의미하는 단초가 된다.
② 환경보혼론자였던 사실은 주절의 과거 시점보다 이전 사실이므로 As she had once been ~을 분사구문으로 바꾼 완료 분사구문이 정답이다.

어휘
advocate 명 지지자, 옹호자 동 지지하다, 옹호하다 | environmental protection 환경 보호 | be willing to 기꺼이 ~ 하다 | refuse 거부하다, 거절하다 | accept 받아들이다 | chemical firm 화학 회사

102. 정답 (D)

해석
Jana씨가 국제적으로 명망있는 전문가라는 점을 감안할 때, 내 생각에는 노화방지에 대한 그녀의 전문가적 충고를 우리가 신뢰할 수 있다고 본다.

정답 찾아가기
① 두 문장이 콤마(,)로 연결되어 있으므로 빈칸은 접속사 자리이거나 분사구문 자리이다.
② 이 문장에서 접속사 when은 문맥상 어울리지 않는다.
③ Given that ~과 Granted that ~의 차이를 알아야 한다.

어휘
trust 믿다, 신뢰하다 | professional 전문가적인 | advice 충고 | anti-aging 노화 방지 | given that ~임을 감안할 때 | granted that ~임을 감안하더라도

103. 정답 (C)

해석
사람들은 변경된 재산세 계산 공식 때문에 Michigan 주의 재산세 시스템이 혼란스럽다고 말한다.

정답 찾아가기
주격 보어로 사용된 분사 형용사로 property tax system이 사람들에게 혼란을 주므로 능동의 관계를 뜻하는 현재분사 형용사 confusing이 정답이다.

어휘
property tax 재산세 | calculation formula 계산 공식

104. 정답 (B)

해석
가장 가보고 싶은 관광지를 알아내기 위해 지역 관광 정보센터에 전화를 거는 것이 어떨까요?

정답 찾아가기
분사 형용사가 뒤에 나오는 명사와 능동의 관계를 뜻하는 inviting이 정답이다.

어휘
tourist attraction 관광명소 | inviting 방문하게 하는

105. 정답 (A)

해석
네가 실수를 했을 때 그 실수들의 이면에 있는 이유들을 찾는 것에 대해 당황하지 마시오.

정답 찾아가기
생략된 명령문의 주어와 주격 보어의 수동의 관계를 뜻하는 embarrassed가 정답이다.

어휘
make a mistake 실수하다 | embarrassed 당황한

106. 정답 (D)

해석
알래스카에 있는 연어 통조림 공장에서 해고된 뒤에 Hillary Clinton은 명문 법대에 입학하기 위해 Yale 대학으로 갔다.

정답 찾아가기
분사구문의 동사와 주절의 주어가 수동의 관계이므로 Being fired가 정답이다.

어휘
cannery 통조림 공장 | head to ~로 향하다 | prestigious 명문의

107. 정답 (B)

해석
휴일 동안에 사무실 당직을 확보하기 위해서 인사과에 제출된 휴가 계획서가 거부될 수도 있다.

정답 찾아가기
수식하는 명사구 Vacation plans와 수동의 관계를 뜻하는 과거분사 submitted가 정답이다.

어휘
ensure 확보하다 | coverage 당직, 보장, (언론의) 보도

108. 정답 (D)

해석
봉사 기회에 참여하는 학생들은 봉사가 보람이 있는 일이라는 것을 곧 발견하게 될 것이다.

정답 찾아가기
5형식 구문의 목적격 보어 자리에 목적어와 능동의 관계를 뜻하는 현재분사 형용사 rewarding이 정답이다.

어휘
volunteering 자원 봉사 | rewarding 보람이 있는

109. 정답 (B)

해석
당신이 현재 고객이고 은퇴에 관련된 지원을 찾고 있다면 우리 website를 방문하십시오.

정답 찾아가기
자동사의 분사 형용사로 existing이 정답이다.

어휘
look for ~를 찾다 | retirement 은퇴(← retire 은퇴하다)

110. 정답 (A)

해석
그는 그 지역을 여행하던 음악가들의 스타일을 모방하면서 10살에 피아노 연주를 시작했다.

정답 찾아가기
분사구문의 동시동작 용법으로 주어와 동사의 관계가 능동의 관계를 뜻하므로 copying이 정답이다.

어휘
copy 모방하다

Practice Test 2 p. 53

101. 정답 (D)

해석
각 검사 과정에서 감지된 결함의 숫자를 바탕으로 우리들은 제품에 아직 남아있는 결점의 숫자를 추정할 수 있다.

정답 찾아가기
① 자동사 remain의 맞는 형태를 고르는 문제다.
② the number of defects which still remain in the product로 생각할 수 있다.

구문 해설
discovered는 which are discovered로 생각할 수 있으며, 주격 관계대명사와 be동사가 생략되어 과거분사 형태로 defects를 수식한다.

어휘
defect 결점, 결함 | each round 각 회에 | inspection 검사 | process 과정 | estimate 추정하다

102. 정답 (A)

해석
기념식이 다가옴에 따라, 조직 위원회는 마지막 사소한 일까지 마무리 작업을 하느라 바쁘다.

정답 찾아가기
with + 목적어 분사의 구문으로 As the ceremony approaches ~의 의미이므로 현재분사가 정답이다.

어휘
ceremony 기념식 | organizing committee 조직 위원회 | finalize 마무리 작업을 하다 | last detail 마지막 세부 사항, 마지막 사소한 일 | approach 동 다가가다[오다], 가까워지다 명 접근

103. 정답 (C)

해석
저명한 저널리스트이자 언론 매체 사업가인 Steven Morris 씨가 다양한 언론 매체들과의 인터뷰에서 인용한 일련의 내용들을 특색있게 담은 책을 4월에 출간하였다.

정답 찾아가기
a book which features a combination of quotes 구문으로 이해하면 feature가 a book을 수식하므로 featuring이 정답이다.

어휘
renowned 저명한 | journalist 저널리스트, 기자 | media (언론) 매체 | entrepreneur 사업가 | publish 발간하다 | a combination of ~로 결합된, 일련의 | quote 명 인용구 통 인용하다 | various 다양한 | media outlet 언론 매체

104. 정답 (C)

해석
Multilingual Database는 사용자들이 한 단어 또는 한 표현을 다수의 다른 언어로 동시에 번역하도록 되어 있다.

정답 찾아가기
① multiply(동사)와 multiple(형용사)에 관한 어휘 문제다.
② 다수의 언어는 multiple languages이다.
③ multiply와 language의 관계는 주어-동사, 동사-목적어의 관계가 성립하기 어려우므로 multiplying language나 multiplied language는 성립하지 않는 표현이다.

어휘
allow A + to부정사 (5형식) A가 ~하도록 허락하다 | translate A into B A를 B로 번역하다 | expression 표현 | simultaneously 동시에 | multiple 복수의, 다수의

105. 정답 (B)

해석
상하이에 연락 사무소를 개소한 것은 사업 합병에 따른 예상된 결과로 언급되었다.

정답 찾아가기
결과는 예상되는 것(an outcome was anticipated)이므로 outcome과 anticipate의 관계는 수동의 관계이다. 따라서 anticipated outcome이 정답이다.

어휘
liaison office 연락 사무소 | be sited as (이유, 근거) ~로 인용되다, ~를 이유로 들다 | outcome 결과 | merger 합병 | anticipate 예측하다, 예상하다, 기대하다

106. 정답 (A)

해석
기업 중역들의 말을 인용하면서 그는 중국이 더 많은 전기 자동차 생산을 목표로 하는 쿼터의 완화를 고려하고 있다고 보고했다.

정답 찾아가기
quotas which were aimed at ~에서 주격 관계대명사와 be동사가 생략되었다.

어휘
consider ~을 고려하다 | ease 완화시키다 | proposed 제안된, 발의된 | quota (할당) 한도, 쿼터 | electric vehicle 전기 자동차 | be aimed at ~을 목표로 하다

107. 정답 (B)

해석
2017년 3월 1일 이후 시행되는 시험부터 변경된 등록비와 관련된 중요한 공지를 읽어 보세요.

정답 찾아가기
① 등록비는 변경된 것이므로 fee와 revise는 수동의 관계이다.
② 수동 부정사 to be held는 the test를 수식하는 형용사적 용법이다.

어휘
regarding ~와 관련된 | registration fee 등록비, 가입비

108. 정답 (D)

해석
공식적으로 계획된 활동을 무시하는 행위는 시설 사용에 관한 규정을 위반한 것으로 간주된다.

정답 찾아가기
rules는 the use of facilities를 능동적으로 통제하는 것이므로 governing이 정답이다.

어휘
disregard 명 무시 통 무시하다 | officially 공식적으로 | scheduled 계획이 잡혀 있는 | activity 활동 | A be deemed B A가 B로 간주되다 | facility 시설 | govern 지배하다, 다스리다, 통제하다

109. 정답 (D)

해석
수정된 보고서는 투명 실리콘 고무를 사용한 촉각 센서를 만드는 법에 대한 명확하면서도 세세한 설명을 포함고 있다.

정답 찾아가기
instruction을 수식하는 형용사를 찾는 문제로 세세한 설명은 detailed instruction이다.

구문 해설
using transparent silicone rubber는 which uses transparent silicone rubber로 생각할 수 있다.

어휘
revised 수정된, 개정된 | **contain** 포함하다, 담고 있다 | **instruction** 지시, 설명 | **construct** 건설하다, 만들다 | **tactile sensor** 촉각 센서 | **transparent** 투명한 | **silicone rubber** 실리콘 고무 | **detailed** 세세한

110. 정답 (B)

해석
보고서에 따르면, 그 상황은 중국 시장에서 그 회사가 택한 전략적 조율과 관련이 있는 놀라운 효과에 의해 생긴 것이었다.

정답 찾아가기
effects which were associated with 구문에서 주격 관계대명사와 be동사가 생략된 것으로 파악해야 한다.

어휘
according to ~에 따르면 | **be caused by** ~에 의해 야기되다 | **extraordinary** 기이한, 놀라운, 드문 | **effect** 효과, 결과 | **strategic alignment** 전략적 조정

Chapter 6 to부정사와 동명사

Sample Question 1 p. 56

1. 정답 (C)

해석
위원회는 북쪽 방향으로 향하는 버스 정류소를 그저 현 위치의 남쪽으로 이동할 것을 제안하였다.

정답 찾아가기
suggest는 목적어로 동명사나 that + 주어 + 동사원형을 취한다.

어휘
suggest 제안하다 | **northbound** 북쪽으로 향하는 | **existing location** 현재의 위치 | **relocate** 위치를 변경하다

2. 정답 (A)

해석
이번 여름 휴가 기간 중에 파트타임 관광 인솔자로 일하고자 지원합니다.

정답 찾아가기
would like + to부정사(= want + to부정사)의 구문이다.

어휘
apply 지원하다 | **tour leader** 관광 인솔자

3. 정답 (D)

해석
기부를 하시려면 아래에 기부하시고자 원하는 액수를 선택하시기만 하면 됩니다.

정답 찾아가기
문맥상 '~하기 위해서'라는 의미가 적절하기 때문에 (In order) to make a donation이 정답이다.

어휘
donation 기부, 기증 | **make a donation** 기부하다 | **select** 선택하다 | **amount** 총액 | **contribute** 기부하다, 기증하다 | **make a contribution to** ~에 기부금을 내다

Sample Question 2 p. 57

1. 정답 (C)

해석
우리들은 고객들이 선택할 수 있는 요리의 종류를 더 다양하게 할 수 있었다.

정답 찾아가기
enable은 목적격 보어로 to부정사를 취하므로 to offer가 정답이다.

구문 해설
for our customers는 to choose의 의미상 주어이다.
(부정사의 의미상 주어를 별도로 밝힐 때 for + 목적격으로 쓴다.)

어휘
choose from a wider array of dishes 보다 많은 종류의 요리 중에서 선택하다 | **a wide array of** 다수의 ~

2. 정답 (C)

해석
그녀의 반복된 요구를 무시할 수 없었기 때문에 그들은 새로운 냉각 시스템을 개발하는 것을 포기했다.

정답 찾아가기
give up + 동명사 구문으로 developing이 정답이다.

어휘
ignore 무시하다 | **give up** 포기하다

3. 정답 (D)

해석
그들은 사장님과 면담하기 전에 연례보고서를 제출해야 한다.

정답 찾아가기
전치사 다음에 목적어로 준동사 중 동명사가 오므로 interviewing이 정답이다.

어휘
submit 제출하다 | **annual report** 연례보고서

Sample Question 3　p. 58

1. 정답 (C)

해석
Robert는 잠시 앉아 있을 편안한 자리를 찾기 위해 로비를 재빨리 살펴 보았다.

정답 찾아가기
명사 place 뒤에 to부정사가 와서 용도의 의미를 가진 형용사적 역할을 한다.

어휘
scan 살피다 | **lobby** 로비 | **in search of** ~를 찾아서 | **comfortable** 안락한, 편안한 | **scan** 살피다

2. 정답 (A)

해석
집 주인이 오늘 아침 문 자물쇠를 고치고 있는 것 같았다.

정답 찾아가기
보였을 때 진행되고 있던 동작을 설명하므로 진행형 부정사인 seemed to be fixing이 정답이다.

어휘
landlord 집주인 | **lock** 자물쇠 | **fix** 고치다, 수리하다

3. 정답 (B)

해석
지난주 Alcoco 술집에서 발생한 화재는 천장이나 1층 바닥에서 시작되었던 것으로 보인다.

정답 찾아가기
현재 판단에 의하면 불이 난 것은 과거이므로 seems 다음에 완료 부정사가 와야 한다.

어휘
ceiling 천장 | **main floor** 건물의 주요층(보통 1층) | **either A or B** A또는 B 둘 중 하나

Sample Question 4　p. 59

1. 정답 (A)

해석
그 조력자는 그 보고서를 복사하고 스테이플로 철할 수 있도록 준비해줬다.

정답 찾아가기
arrange for A to 동사원형의 구문에서 the report와 duplicate의 관계는 수동이므로 수동 부정사를 골라야 한다.

어휘
facilitator 조력자 (← facilitate 용이하게 하다) | **arrange for** ~를 준비하다 | **staple** 스테이플로 철하다 | **duplicate** 복사하다

2. 정답 (B)

해석
조립 라인을 효과적으로 운영하기 위해서 그들은 직원을 더 고용하여야 한다.

정답 찾아가기
in order to + 동사원형(~하기 위하여) 구문에서 to부정사의 의미상 주어를 밝힐 필요가 있을 경우 for + 목적격을 쓴다.

어휘
assembly line 조립 라인 | **effectively** 효과적으로 | **hire** 고용하다 | **employee** 직원

3. 정답 (D)

해석
우리는 보다 빠른 경제 성장이 새 무역 협정에 의해 용이해질 것으로 기대한다.

정답 찾아가기
5형식 expect A to + 동사원형의 구조이며 목적어 economic growth와 facilitate의 관계는 수동이므로 수동 부정사를 골라야 한다.

어휘
rapid 빠른, 급속한 | **economic growth** 경제 성장 | **trade agreement** 무역 협정 | **facilitate** 용이하게 하다

Sample Question 5　p. 60

1. 정답 (B)

해석
발의된 예산 삭감안은 성공적인 판촉 홍보를 감당하기에는 너무 가혹한 것이었다.

정답 찾아가기
too ~ to 용법의 구조에서 too를 강조하는 부사는 much이다. much too + 형용사[부사] + to부정사와 too much + (형용사) + 불가산 명사의 용법을 기억하자. (예: You are walking much too slowly to catch him. She is eating too much high-calorie food.)

어휘
proposed 발의된, 제안된 | budget 예산 | cut 삭감, 줄이기 | severe 극심한, 심각한 | campaign 홍보, (선전) 활동

2. 정답 (C)

해석
그녀는 자신의 음악적 감각을 발휘하여 Broadway까지 진출하였다.

정답 찾아가기
재능을 발휘하여 Broadway까지 진출한 결과를 나타낸다. has grown up은 성장한 결과를 나타내며 이 문맥에 맞는 부사적 용법 중 결과를 나타내는 to부정사가 적합하다.

어휘
taste 맛, 감각 | expand 넓히다, 확장하다

3. 정답 (B)

해석
그 회사의 감사관은 일일 경비 지출을 모니터할 감사국의 설치를 제안하였다.

정답 찾아가기
suggest + 동명사 또는 suggest that 주어 + 동사원형 구문과 관련된 문제다.

어휘
auditor (회계) 감사관 | suggest 제안하다 | compliance 준수, 따름 (← comply with ~을 준수하다) | expenditure 지출

Practice Test p. 61

101. 정답 (D)

해석
지역 경제의 성장을 도모할 의도로 만들어진 새 사업세법은 향후 수 년 간 효과가 없을 수도 있다.

정답 찾아가기
① be intended to + 동사의 구조이다.
② laws가 local economic growth를 용이하게 하므로 능동의 관계이기 때문에 (C)는 답이 될 수 없다.

어휘
effect 효과 | be intended to ~을 의도하다 | local economic 지역 경제의 | growth 성장 | for years 수년간 | facilitate 용이하게 하다, 가능하게 하다

102. 정답 (A)

해석
고객 서비스 센터의 목표는 적시에 긍정적 태도로 고객의 모든 불만을 해소하는 것이다.

정답 찾아가기
① The goal이 주어이며 be동사 뒤에 올 보어를 찾는 문제다.
② 보기 중 to부정사와 명사가 보어로 될 수 있으나 명사인 (C)는 문장 구조에 맞지 않는다.

어휘
goal 목표 | complaint 불평 | in a timely and positive manner 적시에 긍정적 태도로 | resolve 해결하다

103. 정답 (D)

해석
많은 지원자가 싱가포르 지사에 공석 중인 디지털 컨텐트 전문가 직에 응모하였다.

정답 찾아가기
5형식 동사 invite A to B의 수동태 문장 구조이다.

어휘
a number of + 복수 명사 많은 | candidate 지원자, 후보자 | invite A to + 동사원형 A가 ~하도록 초청하다 | opening 공석, 빈자리 | branch office 지사 | digital content specialist 디지털 컨텐트 전문가

104. 정답 (B)

해석
이렇게 뛰어난 가르침을 제공하는 데 필요한 시간과 노력에 대해 감사의 뜻을 전하고자 합니다. (→ 많은 시간과 노력을 기울여 이렇게 뛰어난 가르침을 주셔서 심심한 감사를 드립니다.)

정답 찾아가기
'~한 것에 대해'의 의미는 전치사 for + 동명사로 표시할 수 있다.

구문 정답 찾아가기
(which are) necessary to ~는 time and effort를 수식하는 형용사구이며, 주격 관계대명사와 be동사가 생략된 것으로 이해할 수 있다.

어휘
extend 늘리다, 키우다 | appreciation 감사 | insightful 통찰력이 있는 | guidance 지도, 가르침

105. 정답 (D)

해석
회의 중에 수 명의 이사들은 Central Park를 보다 서쪽으로 옮길 것을 제안했는데 이를 통해 개발 공간을 더 확보할 수 있다는 이유였다.

정답 찾아가기
suggest는 동명사를 목적어로 취한다.

어휘
board member 이사 | suggest 제안하다 | further 보다 더 | provide 제공하다 | room 공간 | development 개발 | relocate 이전하다

106. 정답 (C)

해석
우리 원고를 수정할 수 있는 기회를 갖게 되어 무척 흥분됩니다. 이제 '미국 화물 철도 산업계의 경쟁에 관한 연구'로 제목이 정해졌습니다.

정답 찾아가기
① be excited 다음 to부정사의 자리이다.
② 문맥상 우리가 기회를 가진 것에 대해 흥분하므로 완료시제가 적절하다.
③ 수여동사 give의 수동형 부정사가 적절하므로 to have been given이 정답이다.

어휘
be excited to + 동사원형 ~하게 되어 흥분하다 | opportunity 기회 | revise 수정하다 | manuscript 원고 | entitle 제목을 붙이다 | competition 경쟁 | freight 화물 | railroad industry 철도 산업

107. 정답 (B)

해석
우리들은 웹 방문자들의 눈길을 보다 많이 끌 수 있도록 우리 홈페이지의 전체 배치를 새 모습으로 단장하는 중이다.

정답 찾아가기
① 전치사구 다음에 동명사를 찾는 문제다.
② 우리가 새 단장하는 과정에 있는 능동의 관계이므로 (D)는 오답이다.

어휘
in the process of ~하는 과정에 있는 | layout 레이아웃, 배치 | entire 전체의 | appealing to ~에게 호소력이 있는 | a new look 새 모습

108. 정답 (B)

해석
그 병원의 많은 간호사들과 의사들은 의료보험 혜택을 받지 못하는 환자들의 삶이 보다 나아질 수 있도록 진정으로 헌신한다.

정답 찾아가기
to가 전치사로 쓰여 뒤에 동명사를 써야 한다.

어휘
be dedicated to + 동명사 ~에 헌신하다 | be eligible for + 명사[to + 동사] ~할 자격이 되다

109. 정답 (C)

해석
민감한 자료가 뜻하지 않게 유출된 후 소프트웨어 개발자들은 회사의 보안 절차를 보다 철저히 따르도록 요청받았다.

정답 찾아가기
to + 부사 + 동사원형의 구조이다.

어휘
accidental 우연한, 돌발적인 | exposure 노출, 폭로, 유출 | sensitive 민감한 | software developer 소프트웨어 개발자 | be asked to + 동사원형 ~하도록 요청 받다 | attentive 주의를 기울이는 | security procedure 보안 절차

110. 정답 (A)

해석
많은 비판에도 불구하고, 직원들은 모든 사람들에게 이로운 것으로 그들이 믿는 새 정책을 지지하기 위해 계속 싸웠다.

정답 찾아가기
to fight를 목적어로 취하는 동사를 찾는 문제다.

어휘
despite ~에도 불구하고 | criticism 비판, 비평 | staff 직원 | in support of ~을 지지하여 | beneficial 이로운, 유익한 | continue 계속하다

Chapter 7 가정법

Sample Question 1 p. 64

1. 정답 (A)

해석
장비가 예상치 못하게 과열되면 일시적으로 작동을 멈춥니다.

정답 찾아가기
① 주절에 조동사가 과거형이 아니므로 가정법이 아니다.

② 일반 조건문에서는 부사절에 미래 시제를 쓰지 않으므로 (A)가 정답이다.

어휘

overheat 과열되다 | **accidentally** 우연히, 예기치 않게 | **temporarily** 일시적으로

2. 정답 (B)

해석

무료 대중 교통이 있다면 사람들은 자가용을 덜 이용할 것이다.

정답 찾아가기

If절 속이 과거이므로 문맥상 가정법 과거 문장이 와야 한다.

어휘

public transport 대중 교통 | **less frequently** 덜 자주

3. 정답 (C)

해석

만약 Steve가 내 처지라면 그는 이것에 어떻게 반응하리라고 생각하나요?

정답 찾아가기

가정법 과거의 구조 중 if절 속의 구조를 묻는 문제다. Steve와 나는 처한 입장이 다르다는 현재 사실을 가정하고 있다.

어휘

react 반응하다 | **be in one's position** ~의 입장에 처하다

Sample Question 2   p. 65

1. 정답 (D)

해석

혹시 내일 비나 눈이 온다면 리셉션은 Central Park 대신 실내에서 열릴 것이다.

정답 찾아가기

문맥상 비나 눈이 올 것 같지 않지만 만일 온다면의 뜻이므로 가정법 미래이며 If it should ~ 구문에서 If가 생략되고 도치된 형태이다.

어휘

hold (파티, 회의 등을) 개최하다 | **indoors** 실내에서 (↔ **outdoors** 실외에서) | **instead of** ~ 대신에

2. 정답 (D)

해석

문제가 더 일찍 해결되었더라면 우리들이 제때에 그 일을 마칠 수 있었을 텐데.

정답 찾아가기

더 일찍 문제를 해결하지 못했다는 과거 사실을 가정하는 문맥이므로 가정법 과거완료 시제를 써야 한다.

어휘

solve 해결하다 | **earlier** 더 일찍 | **on time** 정각에, 제때에

3. 정답 (C)

해석

그들이 프로젝트를 모두 함께 했더라면 지금 별로 곤란한 지경에 처하지 않은 상태일 텐데.

정답 찾아가기

같이 일하지 않았던 것은 과거 사실이므로 가정법 과거완료 조건문이고, 주절은 현재의 상태를 이야기하는 것이므로 가정법 과거 구문의 구조이다. 전형적인 혼합 가정법 문제다.

어휘

work on 일에 임하다, 작업하다 | **together** 함께 | **be in trouble** 곤란에 처하다

Sample Question 3   p. 66

1. 정답 (A)

해석

빠진 부품이 제때에 배달되지 않았더라면 그들은 예정보다 이틀 일정이 지체되었을 것이다.

정답 찾아가기

과거 사실에 대한 가정이므로 가정법 과거완료 시제이다. If가 생략되어 도치된 구문이다.

어휘

missing 사라진, 없는, 빠진 | **deliver** 배달하다 | **on time** 제때 | **behind schedule** 일정에 늦게 (↔ on schedule 일정대로)

2. 정답 (C)

해석

혹시 더 많은 정보가 필요할 경우 저에게 주저하지 마시고 연락 주세요.

정답 찾아가기

가정법 미래 구문에서 If가 생략되어 도치된 형태이다.

어휘

further (정도) 더 많은 | **information** 정보(불가산 명사임을 기억하자) | **hesitate to + 동사원형** ~하기를 주저하다

3. 정답 (D)

해석
마지막 순간에 협상이 결렬되지 않았더라면 그 회사는 더 큰 회사와 합병할 수 있었을 것이다.

정답 찾아가기
과거 사실에 대한 가정이므로 가정법 과거완료 시제를 써야 한다.

어휘
negotiation 협상 | break off[down] 결렬되다, 중단되다 | at the last minute 마지막 순간에 | merge (with) ~와 합병하다, 합치다 | merge A with B A와 B를 합병하다, 합치다 | merger 몡 합병 | M&A (기업의) 인수 합병(Merger and Acquisition)

Practice Test   p. 67

101. 정답 (D)

해석
그는 또한 일이 보다 순조롭고 효율적으로 진행될 수 있도록 업무 관리자를 즉시 고용할 것을 이사회에 제안했다.

정답 찾아가기
요구, 주장, 제안의 뜻의 동사가 있는 문장에서 that절 속에 (should) 동사원형을 쓴다.

어휘
board 이사회 | immediately 즉시 | run (일이) 진행되다, (사업을) 운영하다 | smoothly 순조롭게 | efficiently 효율적으로 | hire 고용하다, 채용하다

102. 정답 (A)

해석
Donald Gates가 아무 짓도 안했거나 그가 상속 받았던 막대한 재산을 2009년 이후 인덱스 펀드에 투자를 했더라면 지금 훨씬 더 부자이리라는 것은 분명한 사실이다.

정답 찾아가기
① 과거에 '~했더라면 지금 ~일 것이다'라는 혼합 가정법 문제다.
② if절은 가정법 과거완료, 주절은 가정법 과거로 쓰는 것이 타당하다.

어휘
turn out ~로 밝혀지다 | even 훨씬 더(비교급의 강조) | invest 투자하다 | inherit 물려받다, 상속하다 | wealth 부, 재산 | index fund (금융) 인덱스 펀드

103. 정답 (C)

해석
내가 좀 더 일찍 프로젝트 기획을 시작했더라면 나는 지금 그것을 더욱 철저하게 전개시키는 데에 필요한 더 많은 시간을 가질 수 있을 텐데.

정답 찾아가기
① 혼합 가정법 구문으로 과거의 일이 현재까지 영향을 미치는 상황이다.
② if절은 가정법 과거완료, 주절은 가정법 과거로 쓰는 것이 타당하다.

어휘
thoroughly 철저하게

104. 정답 (D)

해석
만약 당신이 일정을 변경하려면, 예약을 한 뒤 3시간까지는 온라인상에서 비행기 예약을 취소할 수 있다.

정답 찾아가기
If 주어 + should + 동사, 주어 + 조동사(will, can, may) + 동사(가정법 미래) 구문에서 if가 생략되고 주어가 도치된 구문이므로 should가 정답이다.

어휘
booking 예약

105. 정답 (A)

해석
글로벌 신흥시장에서 일자리를 구하려면 나는 대학 시절에 중국어 능력시험을 위해서 훨씬 더 열심히 공부했어야 했다.

정답 찾아가기
① 과거에 ~했어야 했는데(사실 그러지 못했다)라는 구문이므로 should have + p.p.가 정답이다.
② could have + p.p. ~할 수 있었는데 (사실 그러지 못했다)

어휘
proficiency 능숙함 | global new market 글로벌 신흥시장 | should have + p.p. ~했어야 했다

106. 정답 (D)

해석
정부에서 고급차에 높은 세금을 부과하면 소비자들은 고급차를 구매하는 것을 자제할 것이다.

정답 찾아가기
① 실현 가능성이 있는 상황을 뜻하므로 가정법 현재 구문(=

일반 조건문)에 해당하며 places가 정답이다.
② 현대 영어에서 가정법 현재 형태는 If 주어 + 동사의 현재 시제 ~, 주어 + 조동사 원형 + 동사 ~로 쓴다.

어휘

tax 세금 | be restrained from ~을 자제하다

107. 정답 (C)

해석

만약 추가 인원 요청이 있다면 Karen의 관리팀이 주말에 전시 부스에서 일할 수 있을 것이다.

정답 찾아가기

가정법 미래 구문에서 if가 생략되어 should + 주어 + 동사 구문으로 쓰인다.

어휘

maintenance team 관리팀 | exhibit booth 전시 부스 | additional 추가의

108. 정답 (B)

해석

비행기가 정시에 출발했더라면 Edinburgh 행 연결 편을 타는데 아무 문제가 없었을 텐데.

정답 찾아가기

주절이 가정법 과거완료 시제의 형태이며, 문맥상 비행기가 정시에 출발하지 못한 것도 과거의 사실이므로 if절 속에 가정법 과거완료 시제를 써야 한다.

어휘

flight 비행, 항공편 | on time 정시에 | catch a connecting flight (항공) 연결 편을 타다

109. 정답 (A)

해석

자원 봉사자들의 도움이 없었더라면 많은 스트레스와 불안 요소를 가진 그 행사가 성공하지 못했을 터이다.

정답 찾아가기

without, but for, if it were not for, if it had not been for 등은 가정의 의미를 가진 If를 대신할 수 있는 표현이다.

어휘

support 지지, 도움 | volunteer 자원봉사자 | involve 포함하다 | a high degree of (수준, 정도가) 심한, 높은 | anxiety 불안(감), 염려, 근심

110. 정답 (C)

해석

그가 치밀하게 준비하지 않았더라면 기대 이상으로 많은 사람들이 참석했던 그 파티는 끔찍하게 실패했을 것이다.

정답 찾아가기

① 사람이 많이 참석했던 파티에 관한 이야기이므로 과거의 사실이며, 가정법으로 쓴 문장에서 주절의 형식을 묻는 문제다.
② without, but for, if it were not for, if it had not been for 등은 가정의 의미를 가진 If를 대신할 수 있는 표현이다.

어휘

arrangement 준비, 계획, 배치 | unexpectedly 예상치 못하게 | well-attended 사람이 많이 참석한 | dreadful 끔찍한 | failure 실패

Chapter 8 명사와 대명사

Sample Question 1 p. 70

1. 정답 (B)

해석

고객만족도 조사는 귀하가 보다 나은 결정을 내리는 데 필요한 통찰을 제공한다.

정답 찾아가기

3개의 명사가 하나의 명사처럼 쓰이고 있다.

어휘

customer satisfaction 고객 만족 | survey 여론 조사 | insight 통찰력 | make a decision 결정하다

2. 정답 (C)

해석

그들은 공증이 필요한 모든 서류들의 복사본을 요구했다.

정답 찾아가기

duplicate는 동사(복제하다), 형용사(꼭 닮은, 사본의), 명사(사본)로 쓰인다. 문맥상 documents가 복수이므로 duplicates가 정답이다.

어휘

ask for ~를 요청하다 | notarize 공증하다

3. 정답 (B)

해석

그의 상사는 엄청난 반대에도 불구하고 월 생산 일정표가 잘 짜였다고 말했다.

정답 찾아가기
production schedule(생산 일정표)이 복합명사로 쓰였다.

어휘
monthly 매월의 | **well-ordered** 잘 짜인, 질서 정연한 | **overwhelming** 엄청난 | **opposition** 반대

Sample Question 2   p. 71

1. 정답 (A)

해석
조금 연구해 보았더니 주민들이 새 정책에 만족하고 있는 것으로 나타났다.

정답 찾아가기
a little 다음에는 불가산 명사가 와야 한다. 보기 중 불가산 명사는 research 뿐이다.

어휘
research 연구 | **indicate** 나타내다 | **resident** 주민(← reside 거주하다) | **policy** 정책

2. 정답 (C)

해석
Joan씨가 개발한 창조적 마케팅 전략이 즉시 시행될 것이다.

정답 찾아가기
marketing strategy는 복합명사이다.

어휘
creative 창조적인 | **developed** 개발된 | **implement** 시행하다 | **immediately** 즉시

3. 정답 (A)

해석
그들은 발전된 그 통계적 방법에 의해 시장에서의 구매 성향을 예측할 수 있다고 믿는다.

정답 찾아가기
① 복합명사의 복수형은 뒤 단어를 복수형으로 한다.
② trend는 가산 명사이므로 (C)는 구문상 관사가 있어야 정답이 될 수 있다.

어휘
advanced 선진된 | **method** 방법 | **forecast** 예측하다 | **buying trend** 구매 성향

Sample Question 3   p. 72

1. 정답 (B)

해석
그의 조심스러운 기획 덕분에, 우리는 성공적으로 그 프로젝트를 마칠 수 있었다.

정답 찾아가기
형용사 뒤는 명사 자리이며, planning은 -ing형 명사로써 '기획'이라는 뜻이다.

어휘
careful 조심스러운

2. 정답 (C)

해석
Ben은 그의 회사의 회계사가 회사 돈을 빼돌리는 것을 발견했다.

정답 찾아가기
소유격 뒤는 명사 자리이며, 돈을 빼돌리는 주체가 사람이어야 하므로 accountant가 되어야 한다.

어휘
skim (돈을 부정하게 조금씩) 빼돌리다 | **account** 계좌 | **accountant** 회계사 | **accounting** 회계

3. 정답 (A)

해석
안전과 재료 처리 능력이 작업장에서 필수적인 것임을 아무도 부정할 수 없다,

정답 찾아가기
handling은 -ing형 명사로서 '처리(능력)'를 뜻하고, 복합명사 material handling은 '재료 처리(능력)'를 뜻한다.

어휘
deny 부인하다 | **efficient** 효율적인 | **essential** 필수적인 | **workplace** 작업장

Sample Question 4   p. 73

1. 정답 (C)

해석
그 소송에 대하여 그들이 스스로 어떻게 방어를 해야 되는지 아는 것은 다행이다.

정답 찾아가기
동사 defend의 행위자와 객체가 같으므로 목적격 재귀대

명사를 써야 한다.

어휘
relieved 마음이 놓이는 | defend 방어하다 | lawsuit 소송

2. 정답 (C)

해석
그 회사는 최근에 고용 정책을 개정하였다.

정답 찾아가기
hiring은 -ing형 명사이다. 복합명사인 hiring policy를 수식하는 소유격을 찾아야 한다.

어휘
revise 개정하다, 수정하다 | hiring 고용 | hiring policy 고용 정책 | recently 최근에

3. 정답 (B)

해석
우리 어머니는 일 없이 노는 것을 싫어하기 때문에 자신의 사업을 하기를 원한다.

정답 찾아가기
명사 + of one's own 의 구문이다.

어휘
idle 빈둥거리는, 게으른

Sample Question 5 p. 74

1. 정답 (A)

해석
그 결정은 여름 더위를 이길 재미있는 방법을 찾는 사람들에게 큰 위안이 될 것이다.

정답 찾아가기
those + 형용사구 / 관계대명사절은 '~하는 사람들'이라는 뜻이다.

어휘
relief 안심, 위안 | look for ~를 찾다 | fun ways 재미있는 방법들 | beat 무찌르다, 이기다 | summer heat 여름 더위

2. 정답 (A)

해석
왜 운전자들은 회전하기 한참 전에 방향 지시등을 사용해야 하나?

정답 찾아가기
복수 주어인 drivers를 지칭하고 명사 앞에 위치하므로 소유격 their가 정답이다.

어휘
turn signal 방향 지시등 | well in advance of 훨씬 이전에

3. 정답 (A)

해석
EU 국가의 각 지도자들이 경제 정상 회담을 가질 것이다.

정답 찾아가기
each + 단수 명사가 주어이다.

어휘
summit meeting 정상 회담

Practice Test 1 p. 75

101. 정답 (C)

해석
모바일 뱅킹은 고객들이 모바일 기기를 사용하여 원격으로 금융 거래를 할 수 있도록 은행이 제공하는 서비스이다.

정답 찾아가기
주어진 보기 중 모바일 뱅킹이란 복합 명사를 찾는 문제이며 모바일 뱅킹은 불가산 명사이므로 (D)는 정답이 될 수 없다.

어휘
provided by ~에 의해 제공되는 | allow A to B A가 B하도록 허용하다 | conduct 행하다 | financial transaction 금융 거래 | remotely 원격으로

102. 정답 (B)

해석
최근 연구에 따르면 Bell 박사가 새로이 발표한 프로그램은 환자들이 비싼 응급실을 방문하는 의존도를 줄일 수 있을 것으로 보인다.

정답 찾아가기
① reliance on(~에 의존)의 목적어는 emergency room visit(응급실 방문)이 되어야 한다.
② reliance on 다음에 관사가 없으므로 visits가 정답이다.

어휘
reveal ~을 밝히다 | released 발표된, 출시된 | reduce 줄이다, 감소시키다 | reliance 의존 | costly 비싼 | visit 방문

103. 정답 (B)

해석
중요한 비즈니스 데이터를 처리할 때 더 이상의 지연을 피하기 위한 노력의 일환으로 SORTEK사의 이사회는 새 서버 플랫폼으로의 전환을 결정하였다.

정답 찾아가기
① 문맥상 '지연, 늦어짐'의 뜻을 가진 명사를 찾는 문제이다.
② (A) delay가 답이 되기 위해서는 부정 관사가 필요하다.

어휘
in an effort to ~하려는 노력의 일환으로 | **critical** 중대한 | **management board** 이사회 | **switch to** ~로 전환하다 | **delay** 지연

104. 정답 (D)

해석
새 안전 규정에 따라 중장비의 운용은 전문가에게 맡겨야 한다.

정답 찾아가기
① 빈칸은 명사 자리이다.
② (B)처럼 동명사 operating을 주어로 쓸 경우 the, of가 필요 없다.

어휘
heavy machinery 중장비 | **be left to** ~에게 맡기다 | **professional** 전문가 | **safety regulation** 안전 규정 | **operation** 운용, 운영, 수술

105. 정답 (A)

해석
Austin Architects는 여러분이 원하는 사양, 기호, 요구에 따라 정확하고 꼼꼼하게 맞춤식 집을 설계하고 건축하는 전문 업체입니다.

정답 찾아가기
빈칸은 주어 자리이므로 명사를 찾아야 한다.

어휘
custom home 맞춤식 집 | **exact** 정확한 | **specification** 사양 | **taste** 기호 | **precise** 정밀한, 꼼꼼한 | **needs** 요구 | **specialty** 전문

106. 정답 (A)

해석
향후 며칠 동안 매장에 진열되어 있는 몇몇 제품들은 정가에서 최고 60퍼센트까지 인하된 가격으로 구입할 수 있다.

정답 찾아가기
① 수량 형용사 some은 가산, 불가산 명사 앞에 다 쓰이기는 하나 이 문장의 동사가 is이므로 불가산 명사 단수형인 merchandise가 정답이다.
② (D) machines는 복수형이므로 동사가 are이어야 가능하다.

어휘
merchandise 상품[제품] | **display** 진열하다 | **list price** 정가

107. 정답 (D)

해석
컴퓨터들의 자료 처리가 예전보다 점점 빨라지고 있지만, 양자 컴퓨터의 업무 처리 능력은 종래의 어떠한 고전적인 컴퓨터보다 훨씬 빠를 것이다.

정답 찾아가기
① have 동사의 목적어 역할을 하는 명사를 찾는 문제다.
② 뒤의 far beyond those of any traditional classical computer 중 those가 지칭하는 명사는 복수형이어야 하므로 (D) capabilities가 정답이다.

어휘
quantum computer 양자 컴퓨터 | **perform one's task** 업무[자료]를 처리하다 | **far beyond** 훨씬 능가하는

108. 정답 (D)

해석
많은 소매업자들은 그들이 주문한 얼굴 가리개의 유효기간이 이미 지났다고 주장하며 공급 업체에 이의를 제기하였다.

정답 찾아가기
관사 the 다음에 오는 명사를 찾는 문제다.

구문 해설
claiming은 완성된 문장 뒤에 분사로 연결된 구조로서 동시 동작, 부대상황을 나타내는 구조로 쓰였다.

어휘
retailer 소매업자 | **file A with B** A를 B에게 제기하다 | **supplier** 공급업체 | **face mask** 얼굴 가리개 | **expiration date** 유효기간

109. 정답 (C)

해석
다음 목록에 있는 몇몇 호텔들은 공항 셔틀버스 서비스를 제공하기 때문에 당신이 선택한 호텔도 확인하는 것이 필요하다.

정답 찾아가기
소유격 your 다음에 올 수 있는 명사를 찾는다.

어휘

offer 제공하다 | need to ~할 필요가 있다 | check with ~에 대해서 확인하다

110. 정답 (B)

해석

Mr. Lee는 이자율 올리는 것에 대하여 주저하였지만 주택시장이 경기회복에 필요한 핵심적 동인으로 작용하고 있다면 다른 대안이 없다고 말했다.

정답 찾아가기

① 형용사 no의 수식을 받는 명사를 찾는 문제다.
② there was 다음에는 단수 명사를 써야 한다.

어휘

be reluctant to + 동사 ~하기를 주저하다 | housing market 주택시장 | act as ~로서의 역할을 하다 | key driver 핵심적인 요인 | recession 불경기 | alternative 대안

Practice Test 2   p. 76

101. 정답 (A)

해석

몇몇 생산업자들은 무게와 크기를 줄이면서 더 작은 휴대용 기기를 이미 생산하기 시작했다.

정답 찾아가기

앞에 나온 명사를 대신하는 대명사를 찾은 뒤 적절한 대명사의 격을 고르는 문제다.

어휘

manufacturer 생산자 | portable 휴대용의 | device 기기 | reduce 줄이다

102. 정답 (C)

해석

그가 부모로부터 물려받은 지구보다 더 건강한 지구를 미래의 세대들에게 돌려주는 것이 그의 개인적인 의무라고 그가 말했다.

정답 찾아가기

전치사 of의 목적어로 사용할 수 있는 인칭대명사 중 소유격 + 명사를 뜻하고 목적어로 사용할 수 있는 소유대명사 his가 정답이다.

어휘

responsibility 의무 | give back 돌려주다 | his 그 남자의, 그 남자의 것

103. 정답 (A)

해석

여주인부터 가게 주인 자신까지 모든 사람이 우리를 환영하고 행복하게 해주어서 우리는 안락한 기분을 느꼈다.

정답 찾아가기

인칭대명사 중 강조를 뜻하는 재귀대명사 (A)가 정답이다.

어휘

greet 환영하다 | make sure (that) + 주어 + 동사 확실히 ~하다

104. 정답 (D)

해석

대부분의 CEO들은 제품 출시를 그것의 성공이 그들 회사의 생존을 결정할 수 있는 행사로 생각한다.

정답 찾아가기

company's survival 앞에 올 수 있는 인칭대명사의 격은 소유격이고 most CEOs를 지칭하는 (D) their이 정답이다.

구문 해설

the success of which에서 which는 관계대명사로 the product launch를 가리킨다.

어휘

think of A as B A를 B로 간주하다 | product launch 제품 출시 | determine 결정하다 | survival 생존(← survive 생존하다, 살아남다)

105. 정답 (D)

해석

어떤 브랜드이든지 두 개 혹은 그 이상의 타이어를 구매하는 사람들은 15%의 할인과 무료 오일 교체 서비스를 받을 것이다.

정답 찾아가기

those who ~ 구문을 기억하면 쉽게 풀 수 있는 문제다.

어휘

purchase 구매하다 | complimentary 무료의

106. 정답 (A)

해석

22세의 그 학생은 탑승이 금지된 후 집으로 오는 다른 비행기를 타기 위해 두 시간을 기다려야만 했다.

정답 찾아가기

an + other를 의미하고 단수 가산명사와 쓸 수 있는 (A) another가 정답이다.

어휘
bar 금지하다 | boarding 탑승

107. 정답 (D)

해석
중국 및 다른 신흥시장 국가의 통화가치가 떨어질 것이라고 확신하는 사람은 거의 없다.

정답 찾아가기
① 동사가 are이므로 복수형 주어를 찾는 문제다.
② a few / few + 복수 명사, a little / little + 불가산 단수 명사(few와 little은 '거의 없는'으로 해석)

어휘
convince 확신시키다 | currency 통화 | emerging 신흥의, 떠오르는(← emerge 떠오르다)

108. 정답 (C)

해석
그가 한의학을 연구할 수 있었던 것은 Hana 감독 위원회가 승인한 기금 덕분이었다.

정답 찾아가기
명사 앞에 쓸 수 있는 소유격을 찾는 문제다.

어휘
herbal 약초의(← herb 약초) | herbal medicine 한방, 한의학 | funding 재원, 재정 지원

109. 정답 (A)

해석
그 회사는 가전제품 분야에서 질적으로 향상된 제품을 출시함으로써 중국 경쟁사들과 차별화를 추구하고 있다.

정답 찾아가기
주어인 The company가 동사의 목적어와 동일하므로 재귀대명사를 써야 한다.

어휘
seek 추구하다 | differentiate 차별화하다 | rival 경쟁자 | home appliance 가전제품 | release 출시하다, 풀다 | quality-improved 품질이 개선된 | product 공산품, 제품

110. 정답 (A)

해석
그 이사장은 비서에게 시키는 대신 자신이 직접 약속 일정을 잡는 것을 선호한다.

정답 찾아가기
강조 용법으로 쓰인 재귀대명사를 찾는 문제다.

구문 정답 찾아가기
이 문장에서 having은 사역동사다.

어휘
chairman 의장 | prefer ~를 선호하다 | schedule 일정을 잡다 | instead of ~대신

Chapter 9 형용사와 부사

Sample Question 1 p. 78

1. 정답 (B)

해석
그때에는 친구, 가족, 직장 동료들과의 주된 소통 수단으로 이메일을 사용하는 사람이 거의 없었다.

정답 찾아가기
people은 복수 명사이므로 보기에 주어진 수량형용사 중 복수 명사를 수식할 수 있는 few가 정답이다. 나머지는 모두 불가산 명사 앞에 쓰인다.

어휘
primary 주된 | communicate 소통하다 | co-worker 직장 동료

2. 정답 (B)

해석
그 전단에는 당신의 은행 계좌를 안전하게 지켜줄 수 있는 온라인 은행 거래 팁들이 있다.

정답 찾아가기
keep + 목적어 + 목적격 보어의 구문에서 적절한 목적격 보어의 형태를 고르는 문제다.

어휘
leaflet 전단, 리플릿 | banking 은행 거래 | tip 조언 | bank account 은행 계좌 | security 보안 | safe 안전한 | protection 보호 | safeguard (분실, 손상 등으로부터) 보호하다

3. 정답 (B)

해석
그들은 최종 승인을 받았다고 발표했다.

정답 찾아가기
명사 approval 앞에 형용사를 써야 한다.

어휘
approval 승인, 허가 | finally 마침내 | final 최종의 | finality 최종적임 | finalize 마무리짓다

Sample Question 2 p. 79

1. 정답 (A)

해석
많은 사람들은 이 경이로운 성공이 판매 비용을 획기적으로 줄일 수 있었던 능력 덕분이라고 한다.

정답 찾아가기
success와 어울리는 형용사를 찾는 문제다.

어휘
credit A to B A를 B의 덕분[탓]으로 돌리다 | **drastically** 과감하게, 철저하게 | **cut** 줄이다, 깎다 | **selling cost** 판매 비용 | **amazing** 경이로운, 놀라운 | **agreeably** 기분 좋게 | **create** 창조하다 | **reliable** 믿을 만한

2. 정답 (B)

해석
중재자에 의하면 Hindly씨는 전 협상 동안 협조적인 적이 없었다고 한다.

정답 찾아가기
주어인 Mr. Hindly를 설명해 주는 주격 보어가 필요한 자리이므로 형용사 cooperative가 구문상, 문맥상으로 가장 적절하다.

어휘
mediator 중재자 | **negotiation** 협상 | **cooperative** 협조적인

3. 정답 (C)

해석
시장에서 성공하고 경쟁력 있는 상태로 남기 위해서 우리에게는 몇 가지 핵심 성장 전략이 필요하다.

정답 찾아가기
2형식 동사인 stay 다음에 형용사가 보어로 쓰인 구문이다.

어휘
competent 유능한 | **comparable** 비교가 되는, 비슷한 | **competitive** 경쟁력을 갖춘, 경쟁이 심한(← compete 경쟁하다)

Sample Question 3 p. 80

1. 정답 (C)

해석
많은 사람들은 태블릿 컴퓨터가 수업 시간에 학생들이 학습하는 주된 방식이 되어야 한다고 믿지 않는다.

정답 찾아가기
way를 수식하며 문맥에 맞는 적절한 형용사는 primary이다.

어휘
tablet computer 태블릿 컴퓨터 | **in class** 수업 중에(↔ after class 방과 후에) | **incentive** 격려, 격려금 | **consensus** 합의 | **primary** 주된 | **accessible** 접근 가능한

2. 정답 (A)

해석
교육 개혁 법안에 따르면 공립 교사들은 대립되는 견해도 포함시켜야 한다.

정답 찾아가기
require A to + 동사원형의 구문이며 points(견해)를 수식할 수 있는 적절한 형용사는 opposing 뿐이다.

어휘
require A to B A가 B하기를 요구하다 | **include** 포함하다 | **opposing** 대립되는, 반대하는 | **point of view** 견해

3. 정답 (D)

해석
그 회사는 내년 판매를 두 배로 늘리기 위해 상당한 시간과 돈을 투자하기로 결정했다.

정답 찾아가기
amount 앞에 쓰일 수 있는 형용사를 찾는 문제다.

어휘
invest 투자하다 | **amount** 명 양, 총액, 통 총계가 ~에 달하다 | **consider** 고려하다 | **considerate** 사려 깊은, 배려심이 많은 | **considerable** 상당한

Sample Question 4 p. 81

1. 정답 (A)

해석
그는 기업 전략의 효과에 대해 폭넓게 기술했다.

정답 찾아가기
동사를 수식하는 부사를 찾는 문제다.

어휘
corporate strategy 기업 (경영) 전략 | **extensively** 폭넓게

2. 정답 (B)

해석
티켓은 공연에 한참 앞서 다 팔렸다.

정답 찾아가기
in advance of가 부사구로 쓰였으며 이 부사구를 강조하는 적절한 부사를 찾아야 한다.

어휘
well in advance of ~하기 훨씬 이전에

3. 정답 (C)

해석
초토화된 그 지역에서 상당히 많은 피해를 입은 주택 수는 증가할 것으로 보인다.

정답 찾아가기
형용사 damaged를 수식하는 부사가 필요한 자리이다.

어휘
damaged 손상된, 피해를 입은 | **residence** 가옥, 주택, 거주지 | **devastated** 엄청난 피해를 본, 초토화된, 황폐화된 | **substantially** 상당히

Sample Question 5   p. 82

1. 정답 (D)

해석
행사장 내에서의 휴대폰 사용은 엄격히 금지되어 있다.

정답 찾아가기
수동태 be + 부사 + p.p. 구문에 관한 문제다.

어휘
venue 행사장 | **prohibit** 금지하다 | **rapidly** 급히 | **adversely** 반대로, 역으로, 불리하게 | **sharply** 날카롭게, 신랄하게 | **strictly** 엄격하게

2. 정답 (A)

해석
공공시설에서 주류를 판매하자는 제안에 대해 그들은 강하게 반대했다.

정답 찾아가기
동사구 object to를 수식하는 적절한 부사를 찾는 문제 이다.

어휘
object to ~에 반대하다(= oppose) | **proposed** 제안된 | **sale** 판매 | **alcoholic** 술의, 알코올이 함유된 | **publicly** 공개적으로, 공공연하게 | **facility** 시설 | **strongly** 강하게 | **securely** 안전하게, 단단히 | **generously** 아낌없이, 후하게 | **heavily** 무겁게, 아주 많이

3. 정답 (B)

해석
합의 사항은 구두 또는 문서로 완전하면서도 분명하게 명시되어야 한다.

정답 찾아가기
수동태 be + 부사 and 부사 + p.p. 구문으로 의미상 stated를 수식할 수 있는 부사를 찾아야 한다.

어휘
terms 계약 조건, 사항 | **agreement** 합의 | **fully** 충분히, 완전하게 | **state** (말이나 글로) 분명히 밝히다 | **orally** 구두로 | **in writing** 문서로 | **punctually** 시간[기일]에 맞게 | **explicitly** 명백하게 | **conveniently** 편리하게 | **widely** 넓게

Sample Question 6   p. 83

1. 정답 (C)

해석
삽화를 참조하면 카메라의 부품을 파악하는데 확실히 도움이 될 것이다.

정답 찾아가기
조동사 + 부사 + 동사의 구문으로 문맥에 맞는 부사를 골라야 한다.

어휘
refer to ~를 참조하다, ~을 나타내다 | **identify** (정체, 실체를) 확인하다, 알아보다 | **part** 부품 | **steadily** 꾸준히 | **approximately** 대략, 거의 ~하다 | **definitely** 확실히, 분명히 | **eagerly** 간절히

2. 정답 (D)

해석
2009년의 경기 침체의 여파로 소비자 가격이 급격히 내렸다.

정답 찾아가기
decrease를 수식하는 적절한 부사를 찾아야 한다. hardly는 일반적으로 조동사 뒤, 일반동사 앞에 위치한다.

어휘
consumer price 소비자 가격 | **decrease** 내리다 | **as a result of** ~의 결과 | **depression** 경기 침체 | **hardly** 거의 ~않다 | **radical** 급진적인 | **inclusively** 포함하여, 통틀어 | **drastically** 과감하게, 격하게

3. 정답 (D)

해석
이 초는 십중팔구 여러분의 집이 천국과 같이 좋은 냄새가

나도록 해주는 인기 상품이 될 것입니다.

정답 찾아가기
조동사 뒤 부사 자리에 문맥에 맞는 단어를 고르는 문제다.

어휘
definite 확실한, 확고한 | **be likely to** ~할 것 같다 | **probably** 십중팔구(= almost certainly)

Sample Question 7   p. 84

1. 정답 (C)

해석
어느 정도까지 그녀가 그 프로젝트에 개입하는가는 아직 결정되지 않았다.

정답 찾아가기
수동태 문장에서 be yet to + 동사는 아직 완료되지 못한 상태를 표시한다.

어휘
involve in ~에 개입하다, ~에 관여하다 | **determine** 결정하다 | **seldom** (빈도) 좀처럼 ~하지 않다 | **ever** (부정문, 의문문, if절에서) 어느 때든 | **yet** (부정문, 의문문에서) 아직

2. 정답 (B)

해석
지금쯤은 당신도 틀림없이 알고 있겠지만, 그녀는 그 회사에서 최고의 중역입니다.

정답 찾아가기
최상급을 수식하는 부사를 찾는 문제다.

어휘
no doubt 틀림없이 | **by now** 지금 쯤에는 | **executive** 중역 | **instead** ~ 대신에 | **pretty** 휑 예쁜 튀 꽤 (형용사를 강조하는 부사로 쓰임)

3. 정답 (D)

해석
가죽 커버가 달린 그 스마트폰은 그 가게의 영업 사원이 적극적으로 추천한 것이었다.

정답 찾아가기
수동태 be + 부사 + p.p. 구문으로 recommended와 잘 어울리는 부사를 찾는 문제다.

어휘
leather 가죽 | **recommend** 추천하다 | **sales representative** 영업 사원, 판매 대리인 | **significantly** 상당히, 의미심장하게 | **increasingly** 점점 더 | **overwhelmingly** 압도적으로 | **highly** 크게, 대단히 | **be highly recommended** 적극 추천 되다

Sample Question 8   p. 85

1. 정답 (D)

해석
별도로 명시된 바가 없으면 모든 권한은 YSU가 소유한다.

정답 찾아가기
부사 자리이며 문맥상 otherwise가 정답이다.

어휘
unless = **if ~ not** 만약 ~이 아니라면 | **explicitly** 명쾌하게, 명료하게 | **state** (말이나 글로) 밝히다, 명시하다 | **therefore** 그래서 | **however** 그렇지만 | **moreover** 더구나 | **otherwise** 달리, 별도로

2. 정답 (A)

해석
그들의 계획이 무엇인지 파악하고 거기에 따라 행동해야 한다.

정답 찾아가기
문맥상 '거기에 따라'의 의미가 와야 한다. 동사 act를 수식하므로 부사 자리이다.

어휘
figure out 파악하다, 계산해 내다 | **accord** 합의, 부합 | **according to** ~에 따르면 | **accordance** 일치, 조화 | **accordingly** 그에 맞춰, ~에 부응하여

3. 정답 (B)

해석
우리의 정규 서비스는 다음 주에 잡혀 있지만 귀하의 사정에 맞추어 우리 날짜를 조정할 수 있습니다.

해석
두 개의 문장의 문맥상 '앞 문장의 사실에도 불구하고'의 의미가 들어갈 부사 자리이다.

어휘
schedule 일정을 정하다 | **adjust** 조정하다 | **according to** ~에 따르면 | **in contrast** 그에 반해서 | **notwithstanding** ~에도 불구하고 | **indeed** 정말로, 참으로

Practice Test 1   p. 86

101. 정답 (B)

해석
소규모 창업 회사들이 소규모 핵심 팀의 기술에 의존하는 반면에 이미 기반을 잡은 회사들은 필수적인 경영 전략의 일환으로 아웃소싱을 채택한다.

정답 찾아가기
문맥상 startup companies와 대조적인 회사, 즉 이미 기반을 다진 회사와의 비교를 이야기하고 있으므로 established companies가 정답이다.

어휘
startup 신규 업체, 신규 창업 | rely on 의지하다 | core 핵심 | adopt 채택하다, 입양하다 | outsourcing 아웃소싱 | essential 필수적인 | business strategy 기업 전략 | confidential 비밀의 | established 성공한, 기반이 잡힌 | domestic 국내의 | private 개인의

102. 정답 (A)

해석
최근 대학 졸업자들은 직업적 성장과 경력 개발에 유리한 환경을 제공하는 직업을 선호한다.

정답 찾아가기
'~에 유리한'이 가장 문맥에 가장 어울리므로 (A)가 정답이다.

구문 해설
conducive to 이하는 주격 관계대명사와 be동사가 생략된 구문(an environment (which is) conducive to ~)이다.

어휘
graduate 명 졸업생 통 졸업하다 | favor 명 호의 통 호감을 보이다, ~에 편들다 | environment 환경 | professional growth 직업적 성장 | career development 경력 개발 | conducive to ~에 도움이 되는

103. 정답 (D)

해석
이 형식의 이력서에는 당신의 현재 직업, 또는 가장 최근 직업을 먼저 쓰는 역 연대순으로 당신의 직업을 열거한다.

정답 찾아가기
order와 어울리는 형용사를 찾는 문제다.

어휘
resume 이력서(= curriculum vitae) | reverse 형 거꾸로의, 반대의 통 뒤바꾸다, 뒤집다 형 정반대, 좌절 | order 순서 | current 현재의 | recent 최근의 | applicable 적용 가능한 | chronological 연대순의

104. 정답 (D)

해석
이 세일은 행사 기간에만 구매 가능한 많은 할인 제품과 한정판 제품을 포함하고 있으므로 기회를 놓치지 마세요.

정답 찾아가기
edition을 수식하는 형용사는 limited다.

어휘
include 포함하다 | discounted 할인된 | available (구입이) 가능한 | limited 한정된 | limited edition 한정판

105. 정답 (A)

해석
그 직원은 시간의 부족 때문에 육체적으로 그 작업을 수행하기 어렵다는 것을 알았다.

정답 찾아가기
find it + 형용사 + to부정사: ~가 ~하다는 것을 알다

어휘
physically 육체적으로

106. 정답 (B)

해석
우산마다 언제 어디서 발견되었는지를 알려주는 상세한 정보를 담은 꼬리표가 달려 있었다.

정답 찾아가기
상세한 정보는 detailed information이다.

어휘
be fitted with ~이 설치되어 있다, 달려 있다 | tag 꼬리표 | list 나열하다 | detailed 상세한

107. 정답 (B)

해석
도쿄의 분실물 보관 센터에서는 찾아가지 않는 수백만 개에 달하는 물품들을 처리하느라 매일 고군분투하고 있다.

정답 찾아가기
① items를 수식할 수 있는 적절한 형용사를 찾는 문제다.
② 분실물 보관 센터에서의 일이므로 '찾아가지 않는'의 뜻을 가진 unclaimed가 정답이다.

어휘
struggle 투쟁하다 | cope with ~에 대처하다 | item 물품, 항목 |

Lost and Found center 분실물 보관소 | comprehensive 종합적인, 포괄적인(← comprehend 충분히 이해하다) | unclaimed 주인이 나서지 않은(← claim 권리나 재산이 자신의 것이라고 주장하다, 요구하다, 청구하다) | accurate 정확한, 정밀한 | specific 구체적인, 명확한

108. 정답 (C)

해석
Air Roman은 부패하기 쉬운 식료품을 담고 있는 포장물은 누출 방지와 다른 화물에 의한 오염 방지가 확실히 되도록 최대한 주의를 기울이고 있다.

정답 찾아가기
주어진 보기 중 food items와 어울리며 문맥에 맞는 형용사는 perishable이다.

어휘
exercise 노력을 기울이다 | extreme 극도의 | care 주의, 조심 | ensure 반드시 ~되도록 하다 | package 포장(상자) | contain 포함하다, 담고 있다 | food item 식료품 | adequately 충분히, 적절히 | protect 보호하다 | leakage 누수, 누출 | contamination 오염 | cargo 화물 | perishable 부패하기 쉬운, 썩기 쉬운(← perish 사라지다)

109. 정답 (C)

해석
이번 주말에 한해 100달러 이상 구매 고객은 주차된 차를 직사광선으로부터 시원하게 지켜줄 자동차용 햇볕 가리개 세트를 무료로 받게 됩니다.

정답 찾아가기
purchase가 단수로 되어 있으므로 주어진 보기 중 단수 명사를 수식하는 형용사는 every 뿐이다.

어휘
purchase 구매 | window shade 햇볕 가리개 | direct sunlight 직사광선

110. 정답 (D)

해석
입항을 원하는 외국 어선들은 지정된 항구에서 미리 입항 허가를 요청하여야 한다.

정답 찾아가기
문장의 전체 의미로 볼 때 입항 허가를 내어 주는 항구가 지정되어 있음을 알 수 있으므로 designated port가 적절하다.

어휘
vessel 선박 | be required to ~하여야 한다 | request 요청하다 |

permission 허가, 승인 (← permit 허락하다, 허가증) | restricting 제한하는 (← restrict 제한하다) | descending 하강하는, 내려가는 (← descend 내려가다) | fortified 요새화된, 강화된 (← fortify 요새화하다, 강화하다) | designated 지정된 (← designate 지정하다)

Practice Test 2   p. 87

101. 정답 (A)

해석
산업단지를 조성하는 것은 환경을 심하게 훼손하므로 득보다 해가 더 많을 수 있다.

정답 찾아가기
by ~ing 구문에서 동명사를 수식하는 것은 부사이며 문맥상 가장 적절한 것은 severely이다.

어휘
create 새로 만들다, 조성하다 | industrial complex 공업 단지 | do harm 해가 되다 | do good 득이 되다 | severely 극심하게 | exclusively 배타적으로, 독점적으로, 오로지

102. 정답 (B)

해석
직원들 중 몇 명이 아직 새로운 근무시간 기록 소프트웨어를 위한 연수에 참석하지 않았다.

정답 찾아가기
yet은 부정문과 의문문에서 아직 안했거나 못했다는 뜻을 나타낸다.

어휘
timesheet 근무시간 기록표

103. 정답 (C)

해석
그는 파일을 백업해 두는 것을 잊었기 때문에 그 결과로 USB를 분실했을 때 모든 데이터를 잃었다.

정답 찾아가기
접속 부사를 찾는 문제로 접속사와 혼돈하지 말아야 한다.

어휘
backup 백업하다 | nevertheless 그럼에도 불구하고 | consequently 결과로 | otherwise 그렇지 않으면

104. 정답 (A)

해석
그는 그가 결석한 것에 대해 충분히 납득할 만한 설명을 제

시했지만 선생님은 그를 믿지 않았다.

정답 찾아가기
형용사를 수식하는 부사를 찾아야 한다.

어휘
convincing 납득할 만한 | **sufficiently** 충분히 | **actually** 사실상 | **gradually** 점차적으로 | **abruptly** 갑자기

105. 정답 (D)

해석
예산 편성에 대해 아직도 질문이 있으면 회의 직후에 너를 만나기 위해 시간을 낼 수 있다.

정답 찾아가기
after 앞에 사용되는 부사를 찾아야 한다.

어휘
take time 시간을 내다 | **closely** 면밀히 | **nearly** 거의 | **shortly** 곧

106. 정답 (B)

해석
Fisher의 첫 번째 소설이 큰 성공이었기 때문에 그는 본래 내용을 약간 수정한 판을 다시 출판했다.

정답 찾아가기
분사 형용사(revised)를 수식하는 부사를 찾아야 한다.

어휘
republish 재출판하다 | **strictly** 엄격하게 | **slightly** 약간 | **securely** 단단히 | **steadily** 지속적으로

107. 정답 (C)

해석
일본에서의 판매량은 요즘 우리 수출의 거의 30퍼센트를 차지하며 이는 내년에 더 오를 것이다.

정답 찾아가기
nearly는 '거의'라는 뜻의 부사로 수치 앞에 주로 쓰인다.

어휘
sales 판매량 | **account for** 차지하다

108. 정답 (B)

해석
다이어트 프로그램이 아주 많아서 당신에게 적합한 다이어트를 선택하는 것이 극히 어려워지고 있다.

정답 찾아가기

so + 형용사/부사 + that 구문에서 형용사(prevalent)를 수식하는 부사를 찾아야 한다.

어휘
prevalent 널리 퍼져있는 | **extremely** 극도로

109. 정답 (D)

해석
구청이 지원하는 재활용 프로그램이 주민들이 사용한 물품을 저렴하게 재활용하게 한다.

정답 찾아가기
준동사인 to부정사(to recycle)를 수식하는 부사를 찾아야 한다.

어휘
recycling program 재활용 프로그램 | **district office** 구청 | **unexpectedly** 예상외로 | **reversely** 거꾸로 | **affordably** 여유 있게, 저렴하게

110. 정답 (B)

해석
나는 싱가포르 지사로 이전하는 과정에 스마트폰 서비스를 일시적으로 중단했다.

정답 찾아가기
동사(suspended)를 수식하는 부사를 찾아야 한다.

어휘
suspend 중단하다 | **transfer** 전근하다 | **substantially** 상당히 | **temporarily** 임시로 | **gradually** 점차적으로 | **completely** 완전히

Chapter 10 접속사와 전치사

Sample Question 1   p. 90

1. 정답 (C)

해석
정기 회의 일정을 당신이 조정해 주실 수 있는 것이 가능합니까?

정답 찾아가기
① 두 개의 문장을 연결해야 하므로 줄친 부분은 접속 자리이다.
② 문맥상 뒷 문장은 possibility와 동격의 의미이므로 접속사 that이 정답이다.

어휘
reschedule 일정을 조정하다 | **regular meeting** 정기 회의

2. 정답 (A)

해석
책이나 잡지 두서너 권은 여행할 때 소지하기에 좋다.

정답 찾아가기
① either A or B의 구문이다. 상관접속사의 동사는 동사에 가까운 명사에 일치시킨다.
② A as well as B(B 뿐만 아니라 A)의 경우 as well as B는 부사구이므로 주어는 A이다. 따라서 a book as well as a few magazines is good to ~로 쓴다.

어휘
bring along 데리고 오다[가다], 소지하다

3. 정답 (B)

해석
그들은 운송 중에 10개 물품의 적하물이 파손되었다는 메시지를 받았다.

정답 찾아가기
운송 중이라는 표현은 in transit으로 쓴다.

어휘
shipment 수송, 적하물

Sample Question 2   p. 91

1. 정답 (B)

해석
이로 인해 불편이나 곤란을 끼쳤다면 사과드립니다.

정답 찾아가기
① 줄친 부분은 접속사 자리이며 문맥상 if가 정답이다.
② in case of는 if와 같은 뜻이지만 전치사구이다.

어휘
apologize 사과하다 | cause ~를 야기하다 | inconvenience 불편 | difficulty 어려움

2. 정답 (A)

해석
Dr. Mahyer는 환자의 심각한 급성 고혈압 때문에 수술을 연기해야 한다고 요구했다.

정답 찾아가기
줄친 부분 뒤에 명사가 왔으므로 전치사 자리이다.

어휘
acute severe hypertension 심각한 급성 고혈압 | due to ~ 때문에, ~로 인하여 | by means of ~의 도움을 받아, ~에 의하여

3. 정답 (C)

해석
그 고속도로는 많은 사람들이 교외에서 통근하므로 항상 붐빈다.

정답 찾아가기
줄친 부분 뒤에 완성된 절이 왔으므로 접속사 자리이다.

어휘
be congested 붐비다 | commute 통근하다

Sample Question 3   p. 92

1. 정답 (C)

해석
그가 승리할 경우 10년 만에 유럽인이 아닌 선수가 금메달을 획득한 첫 사례가 될 것이다.

정답 찾아가기
① '10년 만에'의 뜻을 가진 시간의 경과 표현은 in 10 years이다.
② after 10 years: 10년이 지난 후, within 10 years: 10년 내에

어휘
non-European 비유럽인의

2. 정답 (C)

해석
식사는 편의상 결혼식장 근처에서 할 것이다.

정답 찾아가기
near to + 명사를 기억하자.

어휘
be held ~이 열리다, 개최되다 | venue 행사 장소 | for the sake of ~을 위해 | convenience 편의, 편리

3. 정답 (D)

해석
Pro Printers는 북미 전역의 회사로부터 최신 인쇄 기기들에 대한 정보를 수집한다.

정답 찾아가기
'어떤 지역, 장소를 가로질러'의 뜻으로 across를 쓴다.

어휘
across ~을 가로질러 | across from ~ 맞은편에

Sample Question 4 p. 93

1. 정답 (B)

해석
그들은 월례 회의에서 제조 공장을 이전해야 하는 다양한 이유에 대해 토론했다.

정답 찾아가기
① 줄친 부분 뒤에 동명사가 있으므로 전치사 자리이다.
② reason과 어울리는 전치사는 for이다.

어휘
various 다양한 | manufacturing plant 제조 공장, 생산 공장, 가공 공장

2. 정답 (A)

해석
우리는 모든 지원자를 그들의 언어와 상관없이 동등하게 대우한다.

정답 찾아가기
문맥상 '~와 관계없이'가 가장 잘 어울린다.

어휘
equally 동등하게 | regardless of ~과 상관없이 | except for ~을 제외하고 | despite ~에도 불구하고

3. 정답 (B)

해석
그 로펌은 실직한 노동자들을 대변하여 그 회사를 고소했다.

정답 찾아가기
전치사 자리이며 문맥상 on behalf of가 정답이다.

어휘
on behalf of ~를 대변하여 | law firm 로펌 | sue 고소하다

Practice Test p. 94

101. 정답 (D)

해석
그 오케스트라의 지휘자는 우리들에게 늦어도 최종 리허설 두 시간 전에 도착하라고 하였다.

정답 찾아가기
'~ 전에'의 뜻을 가진 전치사를 찾는 문제다.

어휘
conductor 지휘자 | final rehearsal 최종 리허설 | previous 앞서의, 이전의 | in advance 미리 | prior to ~전에

102. 정답 (A)

해석
한 지방의 편의점 체인인 Jim & Jane이 일하기에 아주 멋진 곳으로 다시 한 번 인정 받았습니다.

정답 찾아가기
문맥상 '~로서'라는 자격의 뜻을 가진 전치사 as가 정답이다.

어휘
local 지방의 | convenience store 편의점 | chain 체인 | once again 다시 한 번 | be recognized as ~로 인정받다

103. 정답 (B)

해석
터키의 관광 산업은 최근 있었던 테러 후에 조성된 불안함 때문에 급격한 쇠퇴를 겪었다.

정답 찾아가기
빈칸 뒤에 절이 아닌 명사구가 나와 있으므로 접속사를 쓸 수 없고 이유를 나타내는 전치사를 써야 한다.

어휘
a sharp decline 폭락, 대폭 하락 | insecurity 불안 | in the wake of ~에 뒤이어

104. 정답 (C)

해석
나는 그 회사가 더 저렴한 노동비와 더 적은 규제가 있는 나라로 공장을 이전 함으로써 더 많은 돈을 벌어들일 수 있다고 확신한다.

정답 찾아가기
문맥상 '~함으로써'의 뜻을 가진 by –ing구조가 적절하다.

어휘
relocate 이전하다 | plant 공장 | regulation 규제

105. 정답 (D)

해석
스마트 폰이 급격하게 널리 퍼짐에 따라, 우리는 주머니 속에 다양한 생산성 제품을 넣고 걸어 다니고 있는 것처럼 느낀다.

정답 찾아가기
'현상, 존재'의 의미를 가진 with가 '~(현상)이 있음에 따라'라는 의미로 쓰였으며 빈칸 뒤에 명사구가 왔으므로 접속사가 아닌 전치사를 써야 한다.

어휘

ubiquity 널려 있음 | **a variety of + 복수명사** 여러 가지의, 다양한 ~ | **productivity** 생산성 | **productivity suites** 생산성 제품들

106. 정답 (C)

해석
우리는 스마트 폰을 자주 사용하고 싶은 충동에 끊임없이 제공되는 정보의 유입을 조절할 수 있도록 해주는 규칙들을 마련 함으로써 저항할 수 있다.

정답 찾아가기
come up with(~을 생각해 내다)를 찾는 문제다.

어휘
pull 당김, 이끌림, 충동 | **manage** 조절하다 | **constant** 끊임없는 | **influx** 유입

107. 정답 (A)

해석
그는 운전면허 필기시험에서는 세 번째 만에 겨우 합격했지만, 실기 시험에서는 아무 어려움 없이 합격했다.

정답 찾아가기
두 개의 문장이 연결되어 있으므로 줄친 부분은 접속사 자리이며 문맥상 '~했음에도 불구하고'의 뜻이 적절하다.

어휘
barely 겨우 ~하다 | **on the third try** 세 번째 시도에 | **with no problem** 아무 문제없이, 가뿐히

108. 정답 (B)

해석
5년 간의 휴지기 뒤에 Jeffry Dylan과 Helen Frenado는 2017년에 재결합 (컨서트) 투어를 가질 계획이다.

정답 찾아가기
문맥상 5년 간의 휴지기 뒤의 일을 계획 중인 것이므로 after가 적절하다.

어휘
absence 결근, 부재, 쉼 | **reunion** 재결합, 모임

109. 정답 (A)

해석
Nina Lien은 긴급한 프로젝트를 함께 행하던 동료 중의 한 명이 아픈 바람에 대체 근무를 했기 때문에 어젯밤 파티에 참석할 수 없었다.

정답 찾아가기
뒤의 문장은 파티에 참석할 수 없었던 이유를 설명하므로 because가 정답이다.

어휘
attend ~에 참석하다 | **colleague** 동료 | **urgent** 긴급한 | **fill in for** ~ 대신 근무하다

110. 정답 (B)

해석
지난주 주간 영업 회의에서 발표된 바에 따라 우리는 유망 고객을 유치하기 위해 최선을 다할 것이다.

정답 찾아가기
as announced[requested] 발표된[요청받은] 대로

어휘
weekly sales meeting 주간 영업 회의 | **attract** 끌다, 유치하다 | **prospective** 유망한

Review Test 1   p. 96

101. 정답 (D)

해석
San Juan 섬 여행 예약은 예외 없이 24시간 전에 해야 한다는 점을 아셔야 합니다.

정답 찾아가기
① 주어 자리를 찾는 문제다.
② should be made가 동사이며 이와 잘 어울리는 명사는 reservation이다.

어휘
make a reservation 예약하다 | **24 hours ahead** 24시간 전에 | **without exception** 예외 없이

102. 정답 (C)

해석
그가 전액환불을 요구했을 때 고객서비스 담당 직원이 개정된 환불정책에 대해 설명했다.

정답 찾아가기
refrain + from, prevent + from, explain + 목적어가 적절한 구문이고 sustain은 '지탱하다'라는 의미로 빈칸에 적합한 어휘가 아니다.

어휘
refrain from ~을 삼가다 | **prevent from** ~을 금지하다 | **return** 반환, 환불

103. 정답 (D)

해석
Bergman 박사가 시청 프레젠테이션에서 하였던 비판은 요점에 부합하는 듯했다.

정답 찾아가기
불완전 자동사의 보어를 찾는 문제다.

어휘
relevant 적절한

104. 정답 (D)

해석
적어도 이틀 전에 홈페이지에서 사전 주문한 그 전시회의 표는 전자 발매된다.

정답 찾아가기
① 주어와 동사 사이에 수식구가 있다.
② tickets와 order의 관계는 수동이다.

어휘
at least 적어도 | in advance 미리 | issue (화폐, 우표, 입장권 등) 발행하다, 발매하다 | electronically 전자적으로, 컴퓨터로

105. 정답 (B)

해석
지원서의 검토는 신규 채용의 필요성과 급박함에 따라 4주에서 6주까지 걸릴 수 있습니다.

정답 찾아가기
① '~에 의거하다'의 의미로 쓰이는 depend on이 주절에 부가적으로 쓰일 때 depending on으로 연결된다.
② (A)와 (C)는 접속사이므로 뒤에 문장이 와야 한다. (D)는 의미상으로 어울리지 않는다.

어휘
application 지원서 | review 검토하다 | process 절차 | range from A to B A에서 B까지 펼쳐져 있다 | need 필요 | urgency 긴급, 급박함 | recruitment 채용

106. 정답 (A)

해석
기업 중역들의 말을 인용하면서 그는 중국이 더 많은 전기 자동차 생산을 목표로 하는 쿼터의 완화를 고려하고 있다고 보고했다.

정답 찾아가기
quotas which were aimed at ~에서 주격 관계대명사와 be동사가 생략되었다.

어휘
consider ~을 고려하다 | ease 완화시키다 | proposed 제안된, 발의된 | quota (할당) 한도, 쿼터 | electric vehicle 전기 자동차 | be aimed at ~을 목표로 하다

107. 정답 (A)

해석
생활하수는 가까운 강으로 버려지는 대신에 물이 정화되는 큰 탱크로 보내진다고 한다.

정답 찾아가기
① 동명사 역시 동사의 성질이 있으므로, 능동과 수동형의 두 가지 태가 가능하다.
② 의미상 오물은 처리되는 대상이고 전치사구(instead of) 다음에 알맞은 형태는 수동형 동명사인 being + p.p.이다.

어휘
nearby 가까운, 가까이의 | sewage 하수, 오물 | dump (쓰레기따위)를 내려보내다 | purify 정화하다

108. 정답 (B)

해석
우리가 찾고 있는 프랑스 식당은 리모델링을 위해서 일시적으로 폐업한다.

정답 찾아가기
선행사 + 목적격 관계대명사 + 주어 + 자동사 + 전치사 구문으로 목적격 관계대명사는 전치사(for)의 목적어를 대체한다.

어휘
look for 찾다 | temporarily 일시적으로 | due to ~때문에

109. 정답 (B)

해석
당신이 현재 고객이고 은퇴에 관련된 지원을 찾고 있다면 우리 website를 방문하십시오.

정답 찾아가기
자동사의 분사형용사로 existing이 정답이다.

어휘
look for 찾다 | retirement 은퇴(← retire 은퇴하다)

110. 정답 (B)

해석
보고서에 따르면, 그 상황은 중국 시장에서 그 회사가 택한 전략적 조율과 관련이 있는 놀라운 효과에 의해 생긴 것

이었다.

정답 찾아가기
effects which were associated with 구문에서 주격 관계대명사와 be동사가 생략된 것으로 파악해야 한다.

어휘
according to ~에 따르면 | be caused by ~에 의해 야기되다 | extraordinary 기이한, 놀라운, 드문 | effect 효과, 결과 | strategic 전략적인 | alignment (배열이) 가지런함, 정렬됨 (정치적) 지지, 함께 하기로 하는 정책적 조율 | strategic alignment 전략적 조정

111. 정답 (D)

해석
지역 경제의 성장을 도모할 의도로 만들어진 새 사업세법은 향후 수 년 간 효과가 없을 수도 있다.

정답 찾아가기
① be intended to 동사의 구조이다.
② laws가 local economic growth를 용이하게 하므로 능동의 관계이며 따라서 (C)는 답이 되지 못한다.

어휘
effect 효과 | be intended to ~을 의도하다 | facilitate 용이하게 하다, 가능하게 하다 | local business 지역 경제 | growth 성장 | for years 수 년 간

112. 정답 (A)

해석
Donald Gates가 아무 짓도 안했거나 그가 상속 받았던 막대한 재산을 2009년 이후 인덱스 펀드에 투자를 했더라면 지금 훨씬 더 부자이리라는 것은 분명한 사실이다.

정답 찾아가기
① 과거에 '~했더라면 지금 ~일 것이다'라는 혼합 가정법 문제다.
② if절은 가정법 과거완료, 주절은 가정법 과거로 쓰는 것이 타당하다.

어휘
turn out ~로 밝혀지다 | even 훨씬 더 (비교급의 강조) | invest 투자하다 | inherit 물려받다, 상속하다 | wealth 부, 재산 | index fund (금융) 인덱스 펀드

113. 정답 (B)

해석
중요한 비즈니스 데이터를 처리할 때 더 이상의 지연을 피하기 위한 노력의 일환으로 SORTEK사의 이사회는 새 서버 플랫폼으로의 전환을 결정하였다.

정답 찾아가기
① 문맥상 '지연, 늦어짐'의 뜻을 가진 명사를 찾아야 한다.
② (A) delay가 답이 되기 위해서는 부정 관사가 필요하다.

어휘
in an effort to ~하려는 노력의 일환으로 | delay 지연 | critical 중대한 | management board 이사회 | switch to ~로 전환하다

114. 정답 (D)

해석
대부분의 CEO들은 제품 출시를 그것의 성공이 그들 회사의 생존을 결정할 수 있는 행사로 생각한다.

정답 찾아가기
① company's survival 앞에 올 수 있는 인칭대명사의 격은 소유격이고 most CEOs를 지칭하는 their이 정답이다.
② the success of which에서 which는 the product launch를 가리키는 관계대명사이다.

어휘
think of A as B A를 B로 간주하다 | product launch 제품 출시 | determine 결정하다 | survival 생존 (← survive 생존하다, 살아남다)

115. 정답 (A)

해석
어떤 브랜드이든지 두 개 혹은 그 이상의 타이어를 구매하는 사람들은 15%의 할인과 무료 오일 교체 서비스를 받을 것이다.

정답 찾아가기
할인과 무료 오일 교환의 의미가 문맥상 가장 잘 맞다.

어휘
purchase 구매하다 | compliment 명 칭찬 통 칭찬하다 | complimentary 무료의, 칭찬하는 | complement 명 보완, 보완물 통 보완하다 | complementary 보완해 주는, 보완적인 | oil change 오일 교환

116. 정답 (B)

해석
Fisher의 첫 번째 소설이 큰 성공이었기 때문에 그는 본래 내용을 약간 수정한 판을 다시 출판했다.

정답 찾아가기
분사 형용사(revised)를 수식하는 부사는 slightly(약간)가 가장 적절하다.

어휘
republish 재출판하다 | strictly 엄격하게 | slightly 약간 |

securely 단단히 | steadily 지속적으로

117. 정답 (A)

해석
그는 운전면허 필기시험에서는 세 번째 만에 겨우 합격했지만, 실기 시험에서는 아무 어려움 없이 합격했다.

정답 찾아가기
두 개의 문장이 연결되어 있으므로 줄친 부분은 접속사 자리이다. 문맥상 '~했음에도 불구하고'의 뜻이 적절하다.

어휘
barely 겨우 ~하다 | on the third try 세 번째 시도에 | with no problem 아무 문제없이, 가뿐히

118. 정답 (B)

해석
지난주 주 영업 회의에서 발표된 바에 따라 우리는 유망 고객을 유치하기 위해 최선을 다할 것이다.

정답 찾아가기
as announced[requested]는 '발표된[요청받은] 대로'의 뜻으로 쓰는 관용적 표현이다.

어휘
weekly sales meeting 주 영업 회의 | attract 끌다, 유치하다 | prospective 유망한

119. 정답 (D)

해석
구청이 지원하는 재활용 프로그램이 주민들이 사용한 물품을 저렴하게 재활용하게 한다.

정답 찾아가기
준동사인 to부정사(to recycle)를 수식하는 부사를 찾아야 한다.

어휘
recycling program 재활용 프로그램 | district office 구청 | unexpectedly 예상외로 | reversely 거꾸로 | affordably 여유 있게, 저렴하게

120. 정답 (C)

해석
Air Roman은 부패하기 쉬운 식료품을 담고있는 포장물의 누출 방지와 다른 화물에 의한 오염 방지가 확실히 되도록 최대한 주의를 기울이고 있다.

정답 찾아가기
주어진 보기 중 food items와 어울리며 문맥에 맞는 형용사는 perishable(부패하기 쉬운)이다.

어휘
exercise 노력을 기울이다 | extreme 극도의 | care 주의, 조심 | ensure 반드시 ~되도록 하다 | package 포장(상자) | contain 포함하다, 담고 있다 | perishable 부패하기 쉬운, 썩기 쉬운(← perish 사라지다) | food item 식료품 | adequately 충분히, 적절히 | protect 보호하다 | leakage 누수, 누출 | contamination 오염 | cargo 화물

Review Test 2   p. 98

101. 정답 (A)

해석
우리의 임무는 전 세계에서 삶의 질을 개선하는 데에 헌신할 다문화 글로벌 단체를 만드는 것이다.

정답 찾아가기
① 주어 + be동사 + 보어(2형식) 문형에 알맞은 보어를 찾아야 한다.
② 주어진 보기에서 보어 역할을 하는 준동사는 동명사인 building이다.

구문 설명
a multi-cultural global organization (which will be) dedicated to improving the quality of life worldwide 처럼 주격 관계대명사와 be동사가 생략되고 과거분사인 dedicated to ~가 organization을 수식하는 형용사구 구문이다.

어휘
mission 임무 | multi-cultural 다문화의 | organization 조직, 단체, 기구 | dedicate (oneself) to + 동명사 ~에 헌신하다

102. 정답 (A)

해석
지역 사회 구성원들의 거듭된 요청에도 불구하고 시의회는 옛 도서관의 재건축을 위한 자금을 할당하지 않았다.

정답 찾아가기
① 주어 + 동사 + 목적어 문형에서 fund와 어울리는 동사를 찾아야 한다.
② yet은 부정문과 의문문에서 '아직'의 뜻으로 쓰이는 부사이다.

어휘
allocate 할당하다, 배분하다 | initiate 개시하다, 시작하다 | purchase 구매하다 | revise 개정하다, 수정하다

103. 정답 (C)

해석
Max가 그 프로젝트를 조심스럽게 기획하고 실행했기 때문에 우리는 그의 프로젝트를 이사회 임원들에게 보내기로 선택했다.

정답 찾아가기
choose는 to부정사를 목적어로 취한다.

어휘
implement 실행하다 | carefully 조심스럽게 | board memeber 이사회 임원

104. 정답 (C)

해석
그 워크숍 강사는 사람들에게 자기 자신에게 자신감을 갖게 하는 방법을 가르쳐서 그들이 효과적인 발표를 하게 한다.

정답 찾아가기
① how to + 동사 구문으로 '~하는 방법'이라는 의미로 사용된다.
② have + 목적어 구문으로 적절한 어휘를 선택해야 한다.

어휘
motivation 동기부여 | competition 경쟁 | confidence 자신감 | responsibility 의무

105. 정답 (A)

해석
경쟁력을 유지하기 위해서 우리는 제품가격을 조정해야 한다는 권고를 받았다.

정답 찾아가기
become, grow, go, turn, fall, get, run, remain과 같은 불완전 자동사는 보어로 형용사를 사용한다.

어휘
adjust (약간) 조정하다 | competitive 경쟁력이 있는

106. 정답 (B)

해석
그 위원회 의장은 장애우들이 출입하기 쉽도록 회사 건물을 개축하는 것에 대하여 마침내 동의하였다.

정답 찾아가기
make + 목적어 + 목적격 보어로 쓰인 5형식 구문으로 make는 목적격 보어로 명사, 동사원형, 형용사를 취한다.

어휘
agree to ~에 대하여 동의하다 | renovate (건물을) 개축하다 | be accessible to ~에 접근하다

107. 정답 (A)

해석
그것은 해외로부터 불공정한 경쟁에 직면한 미국 철강산업에 재정비할 수 있는 시간을 주기 위한 조치였다.

정답 찾아가기
① a measure를 수식하는 구를 찾는 문제다.
② 조치는 디자인 되는 것, 즉 수동의 관계이다.

어휘
reorganize 재정비하다 | in the face of ~에 직면하여 | abroad 해외에, 해외로

108. 정답 (C)

해석
다양한 주제를 다루고 있는 무료 책자와 안내표는 크롬웰 드라이브에 있는 자료 센터에서 얻을 수 있다.

정답 찾아가기
① 주어와 동사 사이에 수식구가 있다.
② cover가 앞의 명사를 수식하는 능동의 관계이다.

어휘
leaflet 얇은 책자 | a range of 다양한 분야에 걸친 | cover ~를 덮다, ~를 포괄하다, ~를 다루다

109. 정답 (A)

해석
반드시 사용 설명서에 명시된 도구만 사용하고 도구를 사용할 때에는 안구 보호 장치를 사용하시오.

정답 찾아가기
tools와 specify는 수동의 관계이다.

어휘
ensure that 주어 + 동사 ~를 확실히 하다 | specify 명시하다

110. 정답 (A)

해석
이 배터리들을 재충전 하는데 최고 6시간까지 걸린다는 점을 아시고 규칙적으로 배터리를 점검하십시오.

정답 찾아가기
① 문장 A, ___ 문장 B의 구조이며 빈칸은 두 문장을 연결해 주는 접속사의 자리이다.
② despite, in spite of는 전치사이므로 뒤에 문장이 올 수 없다.

③ 콤마(,) 다음에 쓰이는 which는 계속적 용법의 관계대명사이므로 접속사 역할을 할 수 있지만 which는 이끄는 문장이 불완전한 문장이어야 한다. 여기서는 주어 you, 목적어 them이 다 갖추어진 완전한 문장이 왔으므로 which가 들어가기에 구조상 부적절하다.

어휘
recharge 재충전하다 | up to 최대[고] ~까지 | on a regular basis 규칙적으로

111. 정답 (D)

해석
더 많은 여행객들을 유치하기 위해, 그 여행사는 작년 말 새 상품을 출시했고 (이후) 서비스 개선과 투자자 로비를 하느라 계속 바쁘다.

정답 찾아가기
① 부사구, 문장 A and 문장 B의 구조이다.
② 두 개의 문장을 연결해야 하므로 빈칸은 접속사 자리이며 문맥상 and가 가장 적합하다.

어휘
in an effort to ~하기 위한 노력으로 | attract (관심을) 끌다, 유치하다 | traveler 여행객 | launch 시작하다, 출시하다 | product 상품, (공장에서 만든) 제품 | improve 개선하다 | lobby 로비하다 | investor 투자자

112. 정답 (C)

해석
우리의 관광 안내원은 개인 소유인 15에이커의 아름다운 풍경을 구경하는 동안에 우리에게 줄곧 조용히 하라고 했다.

정답 찾아가기
① 주절(과거)과 종속절(과거)의 시제 일치 문제다.
② while의 종속절은 주로 진행 시제를 사용한다.
③ 특히 과거의 두 동작을 나타낼 경우 간섭을 받는 동작은 과거 진행형으로 써야 한다.

어휘
landscape (지상의) 풍경 | property 재산, 소유물

113. 정답 (D)

해석
이 코미디 집필이 끝날 때면 나는 2016-17 시즌 SBC에서 4편의 코미디를 창작한 것이 될 것이다.

정답 찾아가기
by the time + 현재 시제 구문의 경우 주절의 시제는 미래 완료를 사용한다.

어휘
create 창작하다

114. 정답 (C)

해석
아시아와 라틴아메리카로부터의 새 이민자들이 최근 수십 년 동안 미국 인구에 문화적 다양성을 더해 왔다.

정답 찾아가기
① 일정 기간 동안 진행되고 지금도 진행되고 있는 상황에는 현재완료 시제를 사용한다.
② 토익 시제 문제의 경우 부사구에 유의해야 한다.

어휘
cultural diversity 문화적 다양성 | decade 십년

115. 정답 (B)

해석
일단 사업을 시작하게 되면 조만간 그 사업을 성장시켜야 하는 난관에 봉착할 것이다.

정답 찾아가기
① once는 접속사로 쓰인다.
② 현재 사업 시작을 준비하는 단계이며 사업을 시작하는 것은 미래 시점이기 때문에 본래 미래완료 시제가 쓰이는 상황이지만 부사절에서는 미래완료 시제 대신 현재완료 시제를 쓴다.
③ 앞으로 사업을 시작하면(미래완료) 난관에 봉착(미래)한다는 구조이므로 주절은 미래 시제가 타당하다.

어휘
once 접 일단 ~하면 | sooner or later 조만간에 | challenge 도전, 난관 | make it grow (그것을) 성장시키다

116. 정답 (C)

해석
희생자를 대변하는 로펌이 그 사고에 대해 허위 사실을 주장했던 것이 지방의 한 신문 기자에 의해 밝혀졌다.

정답 찾아가기
이 문장의 경우는 주절의 시제(found) 보다 허위 주장을 한 사실이 한 시제 앞서므로 종속절의 시제(make)는 완료부정사를 쓴다.
A local newspaper reporter found that the law firm (representing alleged victims) had made false claims.

구문 해설
that절이 타동사의 목적어로 온 경우, that절의 주어를 주절의 주어로 하여 수동태로 전환할 수 있다.

A local newspaper reporter found that the law firm (representing alleged victims) had made false claims.
→ The law firm representing (representing alleged victims) was found to have made false claims by ~

어휘

law firm 로펌 | **represent** 대표하다, 대변하다 | **alleged** (증거는 없지만) 혐의가 있다고 믿어지는 | **victim** 희생자 | **false** 허위의, 사실이 아닌 | **local** 지방의, 현지의

117. 정답 (B)

해석

당신을 적극적으로 추천받아 당신께 연락해 보라는 조언을 받았음에도 불구하고 당신은 우리에게 만족스러운 답을 줄 수 없었습니다.

정답 찾아가기

① 5형식 동사의 수동태 구조 be + p.p. + 목적격 보어이다.
② 여기서는 to부정사가 목적격 보어로 쓰였다.

어휘

advise + A + to부정사 A가 ~하도록 충고하다

118. 정답 (C)

해석

스티븐 스필버그는 상업적인 성공과 영화 비평에서도 성공을 향유한 미국 감독이다.

정답 찾아가기

① 선행사가 사람이고 빈칸 뒤에 명사와 동사가 왔다.
② 주어인 films를 수식하고 동시에 접속사 역할을 하는 소유격 관계대명사가 정답이다.

어휘

director 감독 | **commercial** 상업적인 | **critical** 비평적인

119. 정답 (D)

해석

Jana씨가 국제적으로 명망있는 전문가라는 점을 감안할 때, 내 생각에는 노화방지에 대한 그녀의 전문가적 충고를 우리가 신뢰할 수 있다고 본다.

정답 찾아가기

① 두 문장이 콤마(,)로 연결되어 있으므로 빈칸은 접속사 자리이거나 분사구문 자리이다.
② 이 문장에서 접속사 when은 문맥상 어울리지 않는다.
③ Given that ~과 Granted that ~의 차이를 알아야 한다.

어휘

trust 믿다, 신뢰하다 | **professional** 전문가적인 | **advice** 충고 | **anti-aging** 노화 방지 | **given that** ~임을 감안할 때 | **granted that** ~임을 감안하더라도

120. 정답 (A)

해석

기념식이 다가옴에 따라, 조직 위원회는 마지막 사소한 일까지 마무리 작업을 하느라 바쁘다.

정답 찾아가기

with + 목적어 분사의 구문으로 As the ceremony approaches ~의 의미이므로 현재분사가 정답이다.

어휘

ceremony 기념식 | **organizing committee** 조직 위원회 | **finalize** 마무리 작업을 하다 | **last detail** 마지막 세부 사항, 마지막 사소한 일 | **approach** 통 다가가다(오다), 가까워지다 명 접근

Review Test 3   p. 100

101. 정답 (B)

해석

터키의 관광 산업은 최근 있었던 테러 후에 조성된 불안함 때문에 급격한 쇠퇴를 겪었다.

정답 찾아가기

빈칸 뒤에 절이 아닌 명사구가 나와 있으므로 접속사를 쓸 수 없고 이유를 나타내는 전치사를 써야 한다.

어휘

a sharp decline 폭락, 대폭 하락 | **insecurity** 불안 | **in the wake of** ~에 뒤이어

102. 정답 (C)

해석

그는 파일을 백업해 두는 것을 잊었기 때문에 그 결과로 USB를 분실했을 때 모든 데이터를 잃었다.

정답 찾아가기

접속 부사를 찾는 문제로 접속사와 혼돈하지 말아야 한다.

어휘

backup 백업하다 | **nevertheless** 그럼에도 불구하고 | **consequently** 결과로 | **otherwise** 그렇지 않으면

103. 정답 (D)

해석

이 형식의 이력서에는 당신의 현재 직업, 또는 가장 최근

직업을 먼저 쓰는 역 연대순으로 당신의 직업을 열거한다.

정답 찾아가기
order와 어울리는 형용사를 찾는 문제다.

어휘
resume 이력서(= curriculum vitae) | reverse 형 거꾸로의, 반대의 동 뒤바꾸다, 뒤집다 명 정반대, 좌절 | order 순서 | current 현재의 | recent 최근의 | applicable 적용 가능한 | chronological 연대순의

104. 정답 (C)

해석
이번 주말에 한해 100달러 이상 구매 고객은 주차된 차를 직사광선으로부터 시원하게 지켜줄 자동차용 햇볕 가리개 세트를 무료로 받게 됩니다.

정답 찾아가기
purchase가 단수로 되어 있으므로 주어진 보기 중 단수 명사를 수식하는 형용사는 every 뿐이다.

어휘
purchase 구매 | window shade 햇볕 가리개 | direct sunlight 직사광선

105. 정답 (D)

해석
어떤 브랜드이든지 두 개 혹은 그 이상의 타이어를 구매하는 사람들은 15%의 할인과 무료 오일 교체 서비스를 받을 것이다.

정답 찾아가기
those who ~ 구문을 기억하면 쉽게 풀 수 있는 문제다.

어휘
purchase 구매하다 | complimentary 무료의

106. 정답 (D)

해석
새 안전 규정에 따라 중장비의 운용은 전문가에게 맡겨야 한다.

정답 찾아가기
① 주어 자리에 맞는 명사를 찾는 문제다.
② (B)처럼 동명사 operating을 주어로 쓸 경우 the, of가 필요 없다.

어휘
heavy machinery 중장비 | be left to ~에게 맡기다 | professional 전문가 | safety regulation 안전 규정 | operation 운용, 운영, 수술

107. 정답 (D)

해석
많은 소매업자들은 그들이 주문한 얼굴 가리개의 유효기간이 이미 지났다고 주장하며 공급 업체에 이의를 제기하였다.

정답 찾아가기
관사 the 다음에 오는 명사를 찾는 문제다.

구문 해설
claiming은 완성된 문장 뒤에 분사로 연결된 구조로서 동시 동작, 부대상황을 나타내는 구조로 쓰였다.

어휘
retailer 소매업자 | file A with B A를 B에게 제기하다 | supplier 공급업체 | face mask 얼굴 가리개 | expiration date 유효기간

108. 정답 (D)

해석
컴퓨터들의 자료 처리가 예전보다 점점 빨라지고 있지만, 양자 컴퓨터의 업무 처리 능력은 종래의 어떠한 고전적인 컴퓨터보다 훨씬 빠를 것이다.

정답 찾아가기
① have 동사의 목적어 역할을 하는 명사를 찾는 문제다.
② 뒤의 far beyond those of any traditional classical computer 중 those가 지칭하는 명사는 복수형이어야 하므로 (D) capabilities가 정답이다.

어휘
quantum computer 양자 컴퓨터 | perform one's task 업무[자료]를 처리하다 | far beyond 훨씬 능가하는

109. 정답 (C)

해석
만약 추가 인원 요청이 있다면 Karen의 관리팀이 주말에 전시 부스에서 일할 수 있을 것이다.

정답 찾아가기
가정법 미래 구문에서 if가 생략되어 should + 주어 + 동사 구문으로 쓰인다.

어휘
maintenance team 관리팀 | exhibit booth 전시 부스 | additional 추가의

110. 정답 (C)

해석
우리 원고를 수정할 수 있는 기회를 갖게 되어 무척 흥분됩니다. 이제 '미국 화물 철도 산업계의 경쟁에 관한 연구'로 제목이 정해졌습니다.

정답 찾아가기
① be excited 다음 to부정사의 자리이다.
② 문맥상 우리가 기회를 가진 것에 대해 흥분하므로 완료시제가 적절하다.
③ 수여동사 give의 수동형 부정사가 적절하므로 to have been given이 정답이다.

어휘
be excited to + 동사원형 ~하게 되어 흥분하다 | **opportunity** 기회 | **revise** 수정하다 | **manuscript** 원고 | **entitle** 제목을 붙이다 | **competition** 경쟁 | **freight** 화물 | **railroad industry** 철도 산업

111. 정답 (B)

해석
우리들은 웹 방문자들의 눈길을 보다 많이 끌 수 있도록 우리 홈페이지의 전체 배치를 새 모습으로 단장하는 중이다.

정답 찾아가기
① 전치사구 다음에 동명사를 찾는 문제다.
② 우리가 새 단장하는 과정에 있는 능동의 관계이므로 (D)는 오답이다.

어휘
in the process of ~하는 과정에 있는 | **layout** 레이아웃, 배치 | **entire** 전체의 | **appealing to** ~에게 호소력이 있는 | **a new look** 새 모습

112. 정답 (D)

해석
많은 지원자가 싱가포르 지사에 공석 중인 디지털 컨텐츠 전문가 직에 응모하였다.

정답 찾아가기
5형식 동사 invite A to B의 수동태 문장 구조이다.

어휘
a number of + 복수 명사 많은 | **candidate** 지원자, 후보자 | **invite A to + 동사원형** A가 ~하도록 초청하다 | **opening** 공석, 빈자리 | **branch office** 지사 | **digital content specialist** 디지털 컨텐츠 전문가

113. 정답 (C)

해석
저명한 저널리스트이자 언론 매체 사업가인 Steven Morris 씨가 다양한 언론 매체들과의 인터뷰에서 인용한 일련의 내용들을 특색있게 담은 책을 4월에 출간하였다.

정답 찾아가기
a book which features a combination of quotes 구문으로 이해하면 feature가 a book을 수식하므로 featuring이 정답이다.

어휘
renowned 저명한 | **journalist** 저널리스트, 기자 | **media** (언론) 매체 | **entrepreneur** 사업가 | **publish** 발간하다 | **a combination of** ~로 결합된, 일련의 | **quote** 〈명〉 인용구 〈동〉 인용하다 | **various** 다양한 | **media outlet** 언론 매체

114. 정답 (C)

해석
Multilingual Database는 사용자들이 한 단어 또는 한 표현을 다수의 다른 언어로 동시에 번역하도록 되어 있다.

정답 찾아가기
① multiply(동사)와 multiple(형용사)에 관한 어휘 문제다.
② 다수의 언어는 multiple languages이다.
③ multiply와 language의 관계는 주어-동사, 동사-목적어의 관계가 성립하기 어려우므로 multiplying language나 multiplied language는 성립하지 않는 표현이다.

어휘
allow A + to부정사 (5형식) A가 ~하도록 허락하다 | **translate A into B** A를 B로 번역하다 | **expression** 표현 | **simultaneously** 동시에 | **multiple** 복수의, 다수의

115. 정답 (C)

해석
사람들은 변경된 재산세 계산 공식 때문에 Michigan 주의 재산세 시스템이 혼란스럽다고 말한다.

정답 찾아가기
주격 보어로 사용된 분사 형용사로 property tax system이 사람들에게 혼란을 주므로 능동의 관계를 뜻하는 현재분사 형용사 confusing이 정답이다.

어휘
property tax 재산세 | **calculation formula** 계산 공식

116. 정답 (A)

해석
국제 경기의 심판들은 경기에 참가한 (두) 팀의 상의 색깔과 뚜렷이 구별되는 상의를 반드시 착용하여야 한다.

정답 찾아가기
소유격 관계대명사 문제다.

구문 해설
다음과 같은 두 개의 문장이 소유격 관계대명사로 연결된 것이다.
Referees in international matches shall wear a

정답과 해설 **57**

blazer. + The color of the blazer is distinct from the colors (which are) worn by the contesting teams.

어휘
referee 심판 | international 국제적인 | match 시합, 경기 | wear 착용하다, 입다 | blazer (주로 하의와 색깔이 다른 콤비식) 상의 | distinct 뚜렷이 구별되는, 확연히 다른 | contesting 경쟁을 하는, 서로 이기기 위해 겨루는

117. 정답 (A)

해석
그들이 우리 상점에서 산 품목에 결함이 있으면, 구매 후 30일 이내에 영수증과 함께 그것을 반품할 수 있다.

정답 찾아가기
목적격 관계대명사가 생략된 문장에서 주어 자리를 묻는 문제로 an item (which) they purchased in our store 구문이며 (D)가 답이 되려면 an item which was purchased in our store의 구문이 되어야 한다.

어휘
defective 결함 있는 | return 반품하다 | valid 유효한 | purchase 구매

118. 정답 (B)

해석
휴일 동안에 사무실 당직을 확보하기 위해서 인사과에 제출된 휴가 계획서가 거부될 수도 있다.

정답 찾아가기
수식하는 명사구 vacation plans와 수동의 관계를 뜻하는 과거분사 submitted가 정답이다.

어휘
ensure 확보하다 | coverage 당직, 보장, (언론의) 보도

119. 정답 (C)

해석
좌석 수용력이 약 300명인 회의장이 연례 이사회를 위해 예약되었다.

정답 찾아가기
빈칸 뒤에 온 seating capacity를 수식하는 동시에 접속사 역할을 하는 소유격 관계대명사가 정답이다.

구문 해설
선행사가 사물인 경우 whose + 명사(whose capacity)를 the + 명사 + of which(the seating capacity of which)로 바꿔 쓸 수 있다.

어휘
seating capacity 좌석 수용력 | annual 연례의 | board meeting 이사회

120. 정답 (D)

해석
가장 모험적으로 산을 즐기는 여자로 알려진 멜라니는 그녀가 26살이 되었을 때 보통 사람들이 평생 경험한 것 보다 더 많은 경험을 했다.

정답 찾아가기
by the time + 과거 시제의 구문과 함께 쓰는 주절의 시제는 과거완료를 사용한다.

어휘
adventurous 모험을 즐기는 | one's entire live 평생

MEMO